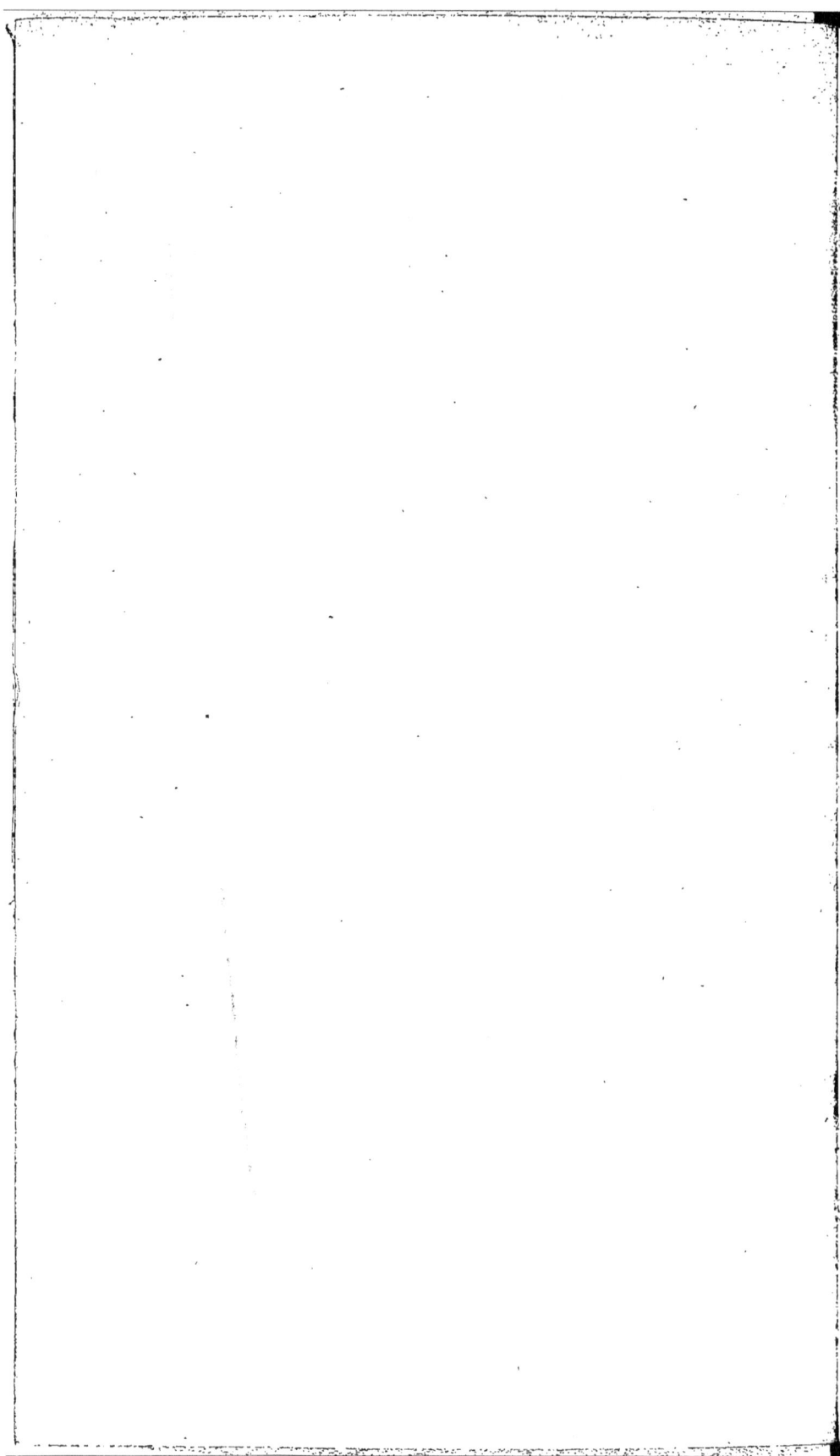

Edition originale

LE
GATEAU DES ROIS

SYMPHONIE FANTASTIQUE

PAR

M. JULES JANIN

(Ouvrage entièrement inédit)

A. GÉNOT.

PARIS
LIBRAIRIE D'AMYOT, ÉDITEUR
6, RUE DE LA PAIX

PRIX : UN FRANC

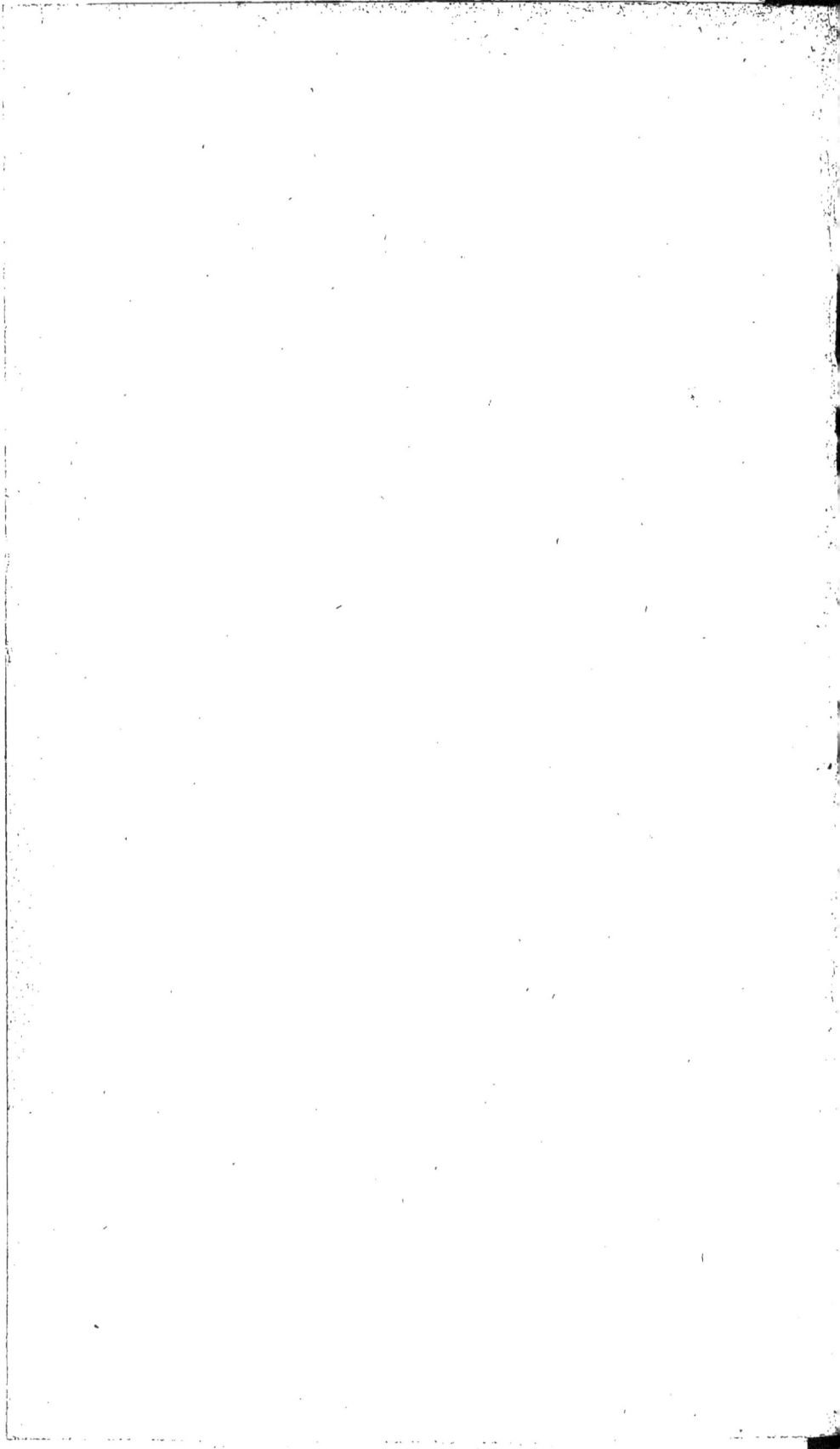

LE
GATEAU DES ROIS

DE L'IMPRIMERIE DE CRAPELET,

RUE DE VAUGIRARD, 9.

LE
GATEAU DES ROIS

SYMPHONIÉ FANTASTIQUE

PAR

M. JULES JANIN

Je suis comme les enfants, j'aime les faits
merveilleux, et quand ils font honneur à
l'espèce humaine, il m'arrive rarement d'en
discuter la vérité.

(Diderot)

PARIS

LIBRAIRIE D'AMYOT, ÉDITEUR

6, RUE DE LA PAIX

—

1847

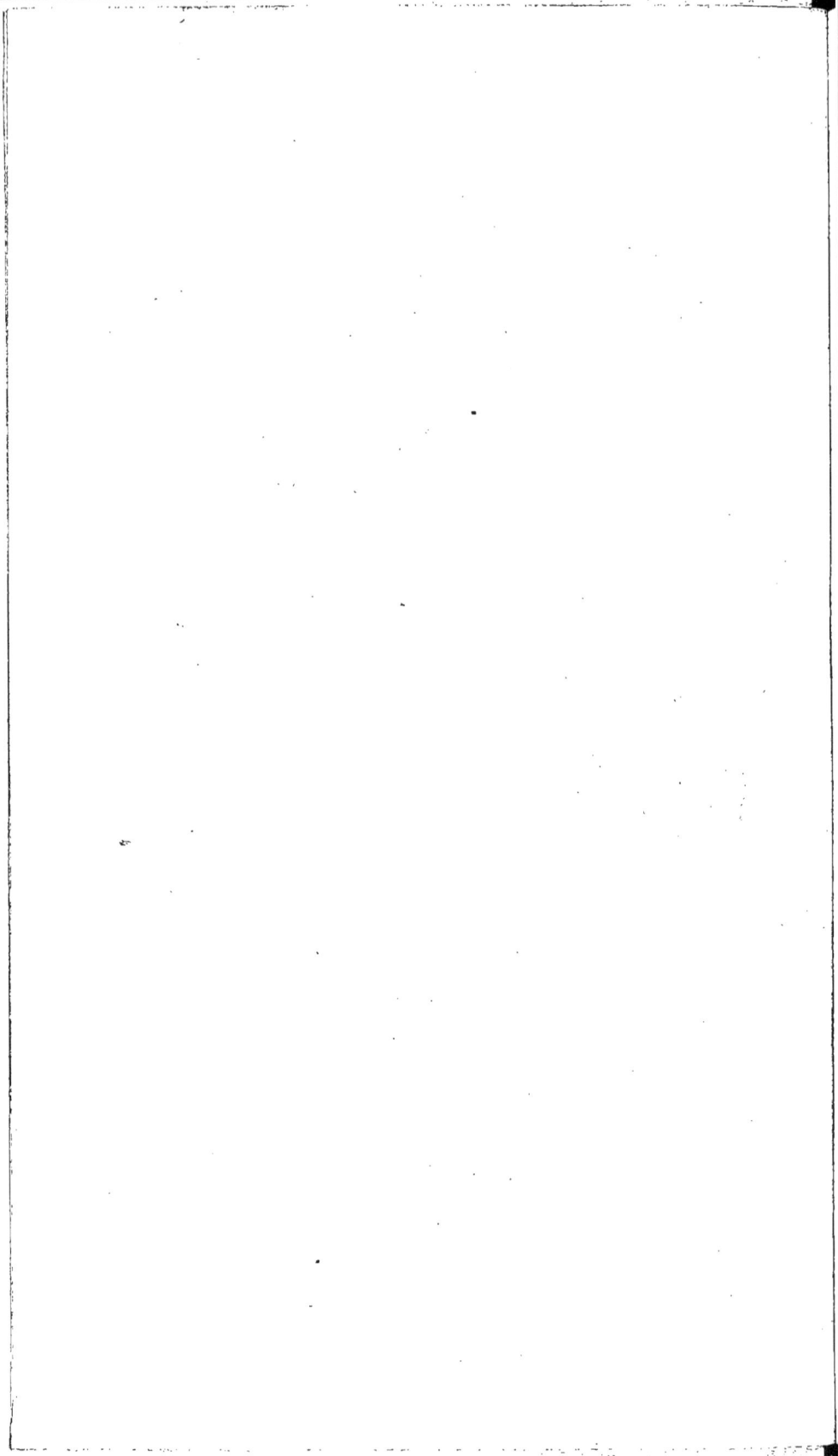

LE
GATEAU DES ROIS.

I.

Ami Fabius, je t'ai bien entendu, l'autre soir, quand tu te plaignais doucement, au coin de mon feu, que la poésie était morte. Ah! disais-tu, nous voilà revenus aux beaux jours de MM. Larivière, Quesnai, Mirabeau, Melon et autres économistes qui nous ont enseigné l'art de semer les trèfles; c'en est fait, elle est partie pour ne plus revenir, cette consolation enchantée de la vie heureuse, c'en est fait, il nous faut renoncer au rêve tout éveillé, il faut dire adieu à l'idéal, et ne plus nous occuper que de canaux, de chemins de fer, de libre exportation et autres inventions des nouveaux Quellénistes.—Parlant ainsi, tu poussais de gros soupirs, et tu refoulais en toi-même plus d'un beau vers, fin, délicat, chatoyant, amoureux, car vous autres, — les derniers venus, vous avez fait de notre pauvre langue française, une musique; pour peu que les mots se règlent, s'enchâssent, se heurtent, se balancent, s'embrassent, dans une ronde harmonieuse, pourvu que la parole soit brillante, parée, éclatante, vêtue de soie, peu vous importe tout le reste; peu vous importe qu'un peu de bon sens soit caché sous ces

1

périodes élégantes, et vous n'ajouteriez pas un millio-
nième d'idée, pour que votre plus belle période dise
quelque chose à l'esprit; qu'elle parle à l'oreille et que
l'oreille se récrée à votre poésie, enivrée comme si elle
venait d'entendre la *symphonie pastorale* sous les doigts
inspirés de Schopin, par ma foi, vous êtes heureux et
vous baissez orgueilleusement la tête, de peur que votre
chevelure bouclée par la jeunesse, ne prenne feu à quelque étoile du firmament.

Donc, ami Fabius, si la poésie est morte, si le rêve
ne se promène plus par les rues, si l'idéal se cache,
comme ferait une femme vêtue à la mode d'hier, c'est
un peu la faute des temps, j'en conviens, mais aussi
beaucoup la faute des poëtes. Vous autres les Pindares
oisifs, avouez-le fièrement, vous êtes trop occupés de
la forme, vous êtes de trop grands amoureux de la rime,
vous vous grisez à pleine coupe, dans l'éclat sonore de vos
périodes harmonieuses, et pendant ce temps, vous oubliez
de mêler, ne fût-ce que par charité, une histoire, une mo-
ralité, un intérêt, une curiosité à vos poëmes?

Étonnez-vous donc que le peuple qui passe, poussé
par le besoin de vivre, que la foule curieuse qui n'a pas le
temps de rêver, que les enfants, les femmes, les vieillards, toute la gent corvéable de messieurs les poëtes :
la coquette dans son boudoir, la comédienne dans sa
coulisse, le porte-faix au coin de la rue, nonchalamment
couché sur son crochet oisif, le soldat dans sa gué-
rite, Margot à son comptoir, et la chaste pensionnaire
à son pupitre, et le séminariste fatigué de lire Scott
(qu'il ne faut pas confondre avec sir Walter Scott, le
vrai Scott de l'imagination et des âmes), en un mot,
vous autres les joueurs de violon et d'harmonica, vous
les flûtistes de la poésie, étonnez-vous que toute la race
oisive, la race bohème, les âmes en suspens, les cœurs

ignorants, les esprits timides, ce qu'il y a de plus jeune et ce qu'il y a de plus vieux, l'amoureux et l'avare, ne s'amusent pas à vos poëmes en l'air!

Vos poëmes! vous en avez ôté, vous-mêmes, tout ce qui en fait le charme : la satire, la médisance, l'action, la leçon, le drame! Certes c'est amusant d'entendre un moulin faire : *tic tac*, sous la pression puissante de l'eau qui tombe, écumante et laborieuse, sur la roue énergique et docile, mais encore faut-il, pour bien faire, que votre moulin soit posé au milieu d'un frais paysage, au bas de quelque coteau fertile, sur les bords fleuris d'une verte prairie, pendant qu'à l'horizon, montent, colorées par le soleil levant, les tourelles en ruines de l'antique manoir. Votre moulin, c'est très-bien, mais il nous faut encore, pour que ton paysage soit complet, grand Berghem, charmant Wouvermans, naïf Wandewelde, puissant Paul Potter, vaste Hobbéma, le meunier, la meunière, les enfants, le garçon du moulin et son amoureuse, et même, l'âne du moulin. — O mes poëtes musiciens, inspirez-vous dans ce grand livre que vient de publier un poëte comme vous, *la Galerie des peintres flamands et hollandais.*

Soyez sûr, ami Fabius, tout jeune que vous êtes et tout barbouillé que vous voilà de poésie sonore et colorée, que de nos jours, comme dans tous les temps, ce ne sont pas les âmes vulgaires qui manquent au poëme, c'est le poëme qui manque aux âmes vulgaires ; bien plus, il me semble que jamais les générations passées n'ont écouté, d'une façon plus attentive et plus curieuse, les improvisateurs heureux qui savent mêler l'intérêt du récit à la forme poétique. Les Français, plus que tous les autres peuples modernes, se sont-ils amourachés d'un assez grand nombre de conteurs? ont-ils fait silence et bouche béante, à de longues histoires qui

ne sont pas encore achevées, depuis tantôt dix ans
qu'elles recommencent tous les huit jours ! Voyez quelle
adoption filiale la France a accordée à ce buveur de
bière, Hoffmann, dont l'Allemagne voulait à peine !
Voyez quel intérêt elle accorde à ce nouveau venu dans
la poésie fantastique — Charles Dickens, dont l'Angleterre écoute avidement les plus fabuleuses inventions ! Comptez enfin combien d'illustres improvisateurs
s'est donnés cette France de la révolution de juillet ! On
saurait plutôt le nombre de ses grands capitaines que
le nombre des conteurs qui sont chargés de l'amuser
à son petit lever, et parmi ces illustres enfants de la
fantaisie, ces compagnons de la Muse matinale, à
peine coiffée de sa cornette chiffonnée, que de noms
justement célèbres, justement aimés !

Au premier rang, voici George Sand, la pâle et grande
image de Lélia qui récite ses douleurs aux flots de l'Océan
attentif ; Soulié, cet acharné qui lie et qui délie, qui tue
et qui sauve, qui mord et qui caresse, épileptique de génie ! Puis, l'auteur endormi des *Mystères de Paris*, cette
victime de l'opium, ou, si vous aimez mieux, de la fatigue et du sommeil, ce bel esprit en manchettes de
malines et en haillons, le talon rouge à ce pied-ci, et
l'autre pied nu, dans la fange ; la main gantée et la main
sanglante, grand seigneur vu de profil !

Croyez-vous bien que celui-là se fasse obéir par la
puissance pittoresque de son langage ? Mais, au contraire, celui-là, si fêté de la foule, il parle à la foule
un patois qui ne ressemble à aucune des langues que
vous parlez, vous autres poëtes, et voilà ce qui le fait
populaire ! Passerons-nous à Paul de Kock ? — fi donc,
dites-vous ! Non, non, ami Fabius, pas tant : *fi donc !* ce
Paul de Kock, j'en suis fâché pour vous, poëtes harmonieux, est un homme aimé du peuple ; on le lit, et même,

si nous pouvions entrer dans quelqu'une de ces maisons souveraines où se règle le destin des nations, plus d'une fois tu verrais (voile-toi le visage!) ce maître Paul qui se cache sous le maroquin armorié des grands portefeuilles! Ce bohémien! (c'est une honte vas-tu dire?) il se faufile, câlinement, chez la duchesse, chez le portier, il est au salon, il est à l'écurie, il exhale au premier chapitre l'odeur du patchouli, au dénoûment on ne sent plus que le tabac de caporal; bien plus, on l'a vu qui faisait les délices du saint-père, et qui parait la bibliothèque du Vatican.

Oui! oui! les œuvres de Paul de Kock dans la bibliothèque du Vatican, dans cet Herculanum solennel de tous les génies de l'antiquité, avant Homère et depuis saint Paul! Oui, tout ce monde de science cachée, mystérieuse, inquiète, païenne et chrétienne à la fois, se taisait pour laisser papoter tout à son aise l'historien éveillé des bois de Romainville et des rosières de Montfermeil. Tu dors, mollement couché dans ton cercueil qui attend encore un tombeau, bon pape Grégoire XVI, la terreur des chemins de fer et la providence des bandes de la Calabre; tu dors, oublié en vingt-quatre heures, par ces Romains patients qui se prosternaient humblement sous la bénédiction de ton doigt aviné de vin de Champagne, et tu te demandes peut-être ce qu'on a fait de ton Paul de Kock aux armes de saint Pierre? Car, figurez-vous, Fabius, *le Cocu* surmonté de la double tiare, et *l'Enfant de ma femme*, accolé aux clefs du paradis! C'était un bon homme, ce vieux pape, à la trogne rougie; il prenait ses petites aises et il eût donné vingt fois *Candide* pour *le Tourlourou*, vingt fois *le Dictionnaire philosophique* pour *l'Enfant du Carnaval*, qui n'est pourtant que de Pigault-Lebrun. Dieu fasse paix à l'âme du digne pontife, qui charmait ainsi les

ennuis multipliés de sa triple couronne, mais l'imagination terre à terre, mais le roman qui va en croupe,
mais le dialogue en patois, les guinguettes des environs
de Paris, — les bals en plein vent et tout le petit
tralala de la joie bourgeoise, ont perdu en le perdant
un grand amateur de gibelottes et de comédies en jupons courts.

Vous voyez bien, ami Fabius, que les grands exem-
ples ne me manquent pas, et encore vous fais-je grâce
de l'enthousiasme de l'Angleterre saluant le grand Paul
de Kock, comme les Anglais du dernier siècle avaient
salué l'auteur, tout jeune et tout bouillant de *la Hen-
riade*. — Comment va Paul de Kock? demandaient les
Anglais à Sa Majesté Louis-Philippe. — Donnez-moi
des nouvelles de mon fils en Jésus-Christ, le seigneur
Paul de Kock, *il signore Paulo di Kocko?* disait
Grégoire XVI à M. de Lamartine. Paul de Kock! Paul
de Kock! et vous osez dire que l'on ne croit plus à la
poésie, de nos jours!

A l'heure où je vous écris, au courant de la plume
et de ma fantaisie, la France demande à tous les échos,
son grand enchanteur Merlin, son vrai prophète, son
Mahomet inspiré, son grand joueur de lampe merveilleuse sur toutes les murailles parisiennes! Où est-il?
qu'est-il devenu? qu'en a-t-on fait? Rendez-le-moi,
rendez-moi mon rêve tout éveillé de chaque matin,
mon espérance de chaque soir, mon Astolphe, qui me
conduisait aux régions éthérées; rendez-moi le drame
actif, le drame vivant, le drame réel; rendez-moi mon
poëte, mon fantôme, l'admirable hâbleur, dont la piaffe
ardente me conduisait, à grandes enjambées, dans le
pays des chimères! O Monte-Christo, le magicien,
l'enchanteur, toi qui as retrouvé la caverne inépuisable
des diamants et des perles; toi qui sais prononcer d'une

voix toujours écoutée, le : *sésame ouvre-toi !* que fais-tu, loin de ton peuple qui t'appelle ?

Hélas ! la nuit est froide et longue ; qui donc viendra s'asseoir à notre lampe attiédie, pour raviver, par la grâce et le bruit du conte sans fin, la monotone langueur du toit domestique. Hélas ! hélas ! j'ai perdu mon mari, ce matin même, mes enfants sont morts hier, ma maîtresse est partie on ne sait où ; j'ai perdu, cette année encore (ingrats ministres), le rare espoir d'attacher à ma boutonnière innocente le petit ruban rouge qui veut dire : *Voilà un homme !* j'ai tout perdu, même le modeste emploi qui me faisait vivre.... mais non, tout est sauvé, si l'on me rend mon faiseur d'enchantements, de sortiléges et de féeries, Dumas !

Alexandre Dumas ! de Monte-Christo, protecteur de la confédération des mousquetaires gris et noirs, médecin des médecins, roi absolu de la reine Margot, le Talbot de la Pucelle, le fascinateur souverain des esprits et des consciences ; l'homme qui a fait vivre, qui a fait agir, qui a fait parler, qui a fait mourir plus de héros, plus de romans et plus d'histoires que Dieu lui-même ! C'est toi Dumas que le peuple de France invoque dans ses misères et dans ses joies ; sa consolation, son espérance viennent de toi ; l'ombre des campagnes n'est heureuse, en été, que grâce à tes livres ; le feu de l'hiver pétille gaiement au feu de tes contes ; le voyage, gloire à toi, n'est qu'une halte, et l'on arrive en maudissant ces chemins qui vont si vite. Dans l'Océan, toute vapeur qui s'élève, toute voile qui flotte au vent, annonce un conte de Dumas. Dans le désert, la caravane s'arrête, pour entendre un conte de Dumas.

Où vas-tu, jeune fille seulette, timide, cachée, rasant d'un pas léger le buisson d'aubépine ; tes jolis petits pieds brûlent la terre ; ta robe blanche blanchit encore les marguerites de la prairie ; elle est sourde au chant de l'oiseau.... Et où va-t-elle? tu le demandes ! — Elle va là-bas, sous le grand amandier en fleurs, loin de sa mère, loin des regards jaloux pour dévorer, d'un œil humide, le dernier livre de Dumas !

On dit que dans l'inondation de la Loire, quand le fleuve eut brisé tous les obstacles, quand tombait la chaumière sous le château brisé; quand l'eau s'étendait immense, à travers la campagne stérile, un homme est resté seul, debout sur les ruines de son toit chancelant... cet homme achevait un roman de Dumas !

Et tu nies la poésie, ami Fabius? Nie donc aussi la puissante analyse de *ce comédien* de l'humanité qui scalpe avec le soin d'un sauvage, les moindres fibres de l'âme humaine ! Nie donc ce coup d'œil sagace et profond que rien n'arrête, ni la gaze transparente de Fœdora, la femme sans cœur, ni le coffre-fort du père Grandet, ni les prisons qui retiennent Vautrin captif; homme des agonies et des délires amoureux, ce Balzac, homme des infamies et des chastes transports, aussi heureux et aussi fier lorsqu'il a découvert quelque bouge immonde dans les immondices parisiennes, que Christophe Colomb quand il ajoute un monde nouveau à l'univers.

Si je vois passer, dans sa bedaine éloquente, surmontée de deux petits yeux gris clair qui flambent, en riant, tout ce qu'ils touchent, ce père adultérin du père Goriot; si je le vois, ce sultan, qui honore de son mouchoir de coton la duchesse de Nucingen, trop heureuse de ramasser ce chiffon à la barbe de M. de Rastignac; si j'assiste aux scènes tragiques de cette comédie humaine, dont les diverses parties semblables aux fragments vivaces de la couleuvre, coupée en vingt tronçons qui brillent au soleil, comme autant de couleuvres entières, serpents qui sifflent leur dernier sifflement, en jetant leur dernier venin, je me dis à moi-même que le monde n'est pas juste de ne pas dresser une statue d'argile et d'or à ce grand homme, qui est lui-même le plus étrange composé de tous les mélanges les plus rares de l'esprit, de la hardiesse et de l'invention !

Balzac a vaincu la dernière monarchie qui s'est laissé surprendre, au moment où M. de Polignac croyait avoir trouvé *l'absolu,* où le feu roi Charles X (Dieu te bénisse, bon roi, couronné de grâce, de vertus, de bienfaisance royale et de bonne volonté), quand il touchait la main de M. de Peyronnet, croyait tenir un morceau de cette *peau de chagrin* merveilleuse qui jetait en tout lieu l'abondance ; — et de même qu'il a perdu la monarchie dernière, surprise à l'improviste dans le charme du conte nouveau, ce Balzac, par son habile diversion aux passions politiques, a sauvé la révolution de juillet, qui avait tant besoin de reprendre haleine au milieu de sa fortune et de la fureur des partis. Or, quelle plus grande diversion se pouvait opérer, en faveur du nouveau pouvoir, que cette diversion des *scènes de la vie privée !*

Jésus-Christ en Flandre, nous a tirés de l'émeute ; si Paris n'a pas été mis à feu et à sang, que Paris s'en prenne au *Curé de village* ou au *Médecin de campagne.* Tel héros de Balzac, bien accepté par le peuple de juillet, a laissé, dans l'ombre, les héros de la Convention et de la terreur que l'on voulait remettre en honneur : Robespierre lui-même, ce bon M. de Robespierre, et Marat, le grand Marat, et les montagnards les plus alertes à grimper au sommet de cette montagne de cadavres sans tête, que surmontait dame Guillotine. — O bonheur ! un petit prince, un simple marquis, moins que cela, un baron, moins qu'un baron, un poëte, un être quelconque, de la façon de M. de Balzac, a tout arrêté !

Sans mademoiselle *Séraphita*, nous revenions aux

théophilanthropes ; sans les nuits de fêtes brillantes don-
nées par Balzac à notre imagination amie des prestiges,
l'église de Notre-Dame de Paris, que remplit à cette
heure la parole éloquente de Jean-Jacques Lacordaire,
citoyen du monde catholique, voyait reparaître, sur ses
autels souillés, les déesses de l'Opéra : Balzac, sauveur
de cette nation ; Balzac, sauveur de la paix du monde !

Certes la Pologne a été traînée dans le sang par ce
czar féroce ; l'Allemagne nous a trahis dans une
question d'honneur ; lord Palmerston nous a livrés à ces
cent mille déclamations, plus inquiétantes pour notre
repos, que pour notre sommeil; mais je vous le demande,
à qui la faute? La faute en est à Balzac qui, depuis
tantôt deux ans, a laissé l'Europe policée manquer de
contes et de *Nouvelles,* l'Europe n'avait plus rien à lire
de Balzac.... L'Europe, pour se distraire, a voulu se
mettre à feu et à sang. Garde-toi donc, Fabius, en
maudissant les romans et les conteurs, de compromettre
l'équilibre européen, comme si tu t'appelais monsieur Pritchard. L'imagination que tu nies ! mais elle
a régné et elle règne ; ôtez-la de ce monde, et le monde
abâtardi retombe dans le chaos ou, si tu aimes mieux,
dans la gloire des armes ! Balzac et Bonaparte! voilà
certes le sujet d'une grande tirade pour faire suite à la
tirade de M. Hugo : *le pape et l'empereur !*

Ne crois pas que je raille, je parle pour tout de bon,
car cela m'indigne, à la fin, de voir les nations, si peu
justes, et ne pas rendre à César ce qui est à César. Où
trouveras-tu, dans tout l'univers créé, des hommes plus
nécessaires que les conteurs? Quel besoin plus général
s'est fait sentir? *Arrectis auribus adstant!* dit Virgile.
— *Aures acutas!* dit Horace en parlant des satyres et
des tigres, attentifs aux chansons d'Orphée.—Les oreilles
de l'antiquité ne sont rien, comparées aux oreilles des

temps modernes, aussitôt qu'il s'agit d'entendre raconter quelque aventure bien sombre, bien étrange, bien terrible, mêlée de pus et de musc, où les chiffons les plus divers se confondent au milieu de cent mille couleurs, qui jurent entre elles jusqu'au blasphème. On nous menace de M. de Metternich; on nous montre, dans l'*almanach de Gotha*, digne monument chargé de quatre-vingt-deux ans de monarchies : *Mélanie, princesse de Metternich*, les yeux ronds tout grands ouverts et la tête emmaillottée dans un turban tout fin ourlé de perles, je le veux bien; mais votre Napoléon-Metternich, ce sourcil blanchissant dont le froncement fait gronder le Rhin *allemand*, le pouvez-vous comparer, lui, ses instincts, ses rancunes, ses oppressions, ses rêves féodaux et ses colères, à la moindre parole écrite par M. Victor Hugo, pourvu que M. Hugo s'éloigne un peu de ce même fleuve du Rhin, dont il n'a pas fait le Rhin français?

Annoncez la guerre! —Brandissez vos piques! Hissez vos étendards! Menace le monde de ton sceptre d'or, de ton épée nue et de ton globe impérial, aigle d'Autriche! Accourez à la guerre universelle : banderoles saxonnes; Saxe-Meiningen, Saxe-Altenbourg, Saxe-Weimar-Eisenach, Saxe de la branche Albertine!

Accourez Dessau, Bernbourg, Coethen! Bavière! Agite ton sable d'or, de ta queue indignée, lion de Belgique, armé et lampassé de gueules (emblème muet de la contrefaçon!) Arme de fer, Brésil, ta sphère dorée chargée de dix-huit étoiles (ce qui fait bien des étoiles pour un pareil empire!) mets une selle à ton cheval saillant d'argent, Brunswick-Wolfenbuttel! Déchaîne tes léopards d'azur couverts de neige, Danemark! Convoque tes fleurs de lis d'or, royaume des Deux-Siciles! Fortifie tes créneaux, Espagne, créneaux d'or fermé d'azur et maçonné de sable qui est de Castille. O France! France! dis à ton coq de chanter le réveil des nations indolentes, en battant de tes deux ailes, dont chaque bout touche à deux mers!

Toi aussi, Grande-Bretagne, tu peux nous lancer ton léopard d'Angleterre, ton lion d'Écosse, tu peux faire trembler et frémir, sous tes doigts calleux, ta harpe d'or cordée d'argent, emblème ironique, emblème cruel de cette Irlande qui se meurt de faim et d'abandon (pauvre lyre d'Irlande dont les plus nobles cordes sont brisées; lyre d'or, changée en un bois vermoulu, ménestrels remplacés par M. O'Connell, qui demande sa dernière obole à Bélisaire). Grèce, à ton rivage chanté par Homère, sur le promontoire du Jupiter de Phidias, fais reluire ta croix nouvelle au soleil de l'Orient! Le Hanovre peut aussi, si la chose lui plaît, monter sur son cheval d'argent effrayé. Que la Hesse abandonne son petit lion à sa fureur innocente. Hesse-Philippsthal-Barchfeld, Hesse grand'ducale, Hesse-Hombourg, toutes les Hesse, et même toutes les Saxe et tous les Hohenzollern: Hohenzollern-Sigmaringen; même Holstein, à l'écusson triangulaire, se fâcheraient tout rouge, même Oldenbourg crierait: *aux armes!*

Même Lichtenstein, même Lippe et toutes les lignes de Lippe jusqu'à Schaumbourg-Lippe; Lucques, l'aimable vallée, heureuse et fière de sa jeune princesse, déjà mère d'un Bourbon de France et d'Espagne, et tous les duchés du grand-duché de Luxembourg, et Modène, qui a attendu si longtemps avant de reconnaître la révolution de juillet (malheureuse révolution, comment a-t-elle fait pour se tirer de cette négation?) Et Monaco même, encouragé par tous ses Grimaldi, passés et à venir? — Et Nassau, Nassau-Orange, pardieu! Ou bien, le nouveau pontife Pie IX, salué par le monde catholique; comme on salue l'arc-en-ciel quand l'orage a passé, comme on salue tout ce qui est juste, ce qui est vrai, ce qui est jeune. — Quoi encore? Parme aux fleurs de lis d'azur, étonnées de couronner la veuve découronnée de Napoléon. Les Pays-Bas et *leurs enfants;* le Portugal, qui joue depuis si longtemps à la petite guerre. — La Prusse! (crie aigle noire, becquée, membrée et couronnée d'or!) La maison de Reuss dans toutes ses branches; la Russie, cette aigle qui porte le chevalier de Saint-George, à cheval, sur un cheval d'argent; la Sardaigne un peu trop catholique; Schwarzbourg, en comptant Schwarzbourg-Son-dershausen et Rudolstadt; la Suède et la Norwége, ar-mée de sa hache d'argent emmanchée d'or.

La Toscane, aux cinq boules des Médicis, boules de laine, devenues des boules d'or; — la Turquie au crois-sant d'argent; Waldeck et ses branches; et l'Amérique elle-même avec M. Polk, en habit noir.

Et pour tout dire en beaucoup de mots : les croix, les croissants, les épées, les glaives, les couronnes, les tigres, les *chevals paissant* ou non *paissant*, les ban-nières, les mots d'ordre, les devises, les cris d'armes, les armoiries, les banderoles, les armes, les flammes, les religions, les sujets, les aigles, les lions, les hiboux et les césars, les princes, grands et petits, les cent mille rameaux des cent mille arbres généalogiques qui se croisent et s'entrelacent, couverts de fruits et de fleurs dans cette forêt de Bondy (mêlée d'élysée), qu'on appelle l'*almanach de Gotha* qui porte l'Europe dans ses flancs rétrécis!

Oui, ces clairons, ces trompettes, ces tambours, ces canons, chargés par le nouveau coton fulminant de MM. Vankaknoff et Wurth (bonnet de coton mieux placé sur les têtes bourgeoises, *sic melius situm*, que dans ces foudres qui vomissent la mort). Oui, ces appels formidables du monde impatient d'en finir....

Je les accepte, mais annoncez seulement, au coin de la rue de Richelieu, ou encore au beau milieu de la rue de la Paix, au n° 6, la Quiquengrogne, par **M. VICTOR HUGO;** soudain s'arrête la guerre, soudain les protocoles font silence, soudain les armées quittent leur rang de bataille, pour se tenir embrassées dans un enthousiasme universel. Halte donc! Mettez vos sceptres dans leur boîte de fer-blanc et vos épées dans le fourreau de caoutchouc, rois de l'Europe; rentrez vos protocoles inutiles dans vos archives remplies, diplomates, aujourd'hui laissez-nous lire *la Quiquengrogne*, et s'il le faut absolument nous nous battrons demain!

Voilà le règne, le vrai règne du roman! Son jour de domination universelle a brillé dans le ciel réjoui; Alexandre le Grand lui-même n'aurait pas osé rêver pareille tyrannie allégrement acceptée de tous. Niez-le donc, M. Hugo règne par le roman qu'il nous promet, tout autant que par ses romans passés! M. Sainte-Beuve quand il écrivait, à la façon de Racine, l'histoire de Port-Royal caché dans sa vallée mystique, l'histoire de ces martyrs corrects dont l'austérité même était soumise à la règle, à la loi, M. Sainte-Beuve, poussé par le roman, interrompait ce travail tout chrétien, et pour obéir à la passion du monde nouveau, il écrivait le roman de la Volupté, le roman des sens mêlés à l'esprit, et tant de charmantes nouvelles, perles brillantes dont la fiction a composé sa plus élégante parure, même en comptant l'écrin de Mérimée, ces diamants d'une si belle eau, ces pierres d'un éclat si pur, ces ornements exquis d'un or ciselé avec tant de labeur.

Jules Sandeau, ce cher et charmant rêveur dans les plaines austères de son duché de Berry, son Berry bien-aimé; Alphonse Karr traîné, par ses guêpes, de nos maisons bourgeoises aux rêveries de l'Allemagne; ce vrai poëte qui pique si bien et qui sait si bien pleurer, te pouvons-nous oublier dans ce concert de louanges?

On aime aussi cet enthousiaste, — ce railleur à tête reposée, ce merveilleux fat d'un rare bon sens, maître ès arts dans l'art de Régnier, de Rabelais et de Clément Marot, enfant aimé de la prose, aimé du vers, dont la comédie, piquante dans sa nonchalance, dédaigne tout ce qui la fatigue et reste, même aux heures de passion, mollement couchée dans son fauteuil de velours. Celui-là nous a donné les contes d'Espagne et d'Italie, il nous a rendus amoureux comme des fous, de ses marquises idéales, pendant que lui-même, caché derrière le rideau flottant de la dame, il riait aux éclats de nous voir, frileux, et la guitare en main, chantant nos amours au beau milieu de la rue et de la patrouille qui nous arrête, pour cause de tapage nocturne.

Des contes! vous voulez des contes? Mais aujourd'hui, dans cette ardeur de fictions qui nous obsède, chacun se fait son conte à soi-même, avec sa propre imagination, tout comme chacun son eau-de-vie avec du cidre, son vinaigre avec du bois, son sucre avec des betteraves, sa poudre avec des chiffons. Que de petits conteurs, et charmants, que de romans inconnus, et pleins de larmes! Quelle vie abondante, amoureuse, sentimentale, passionnée, curieuse, surabondante, inquiète, çà et là répandue par la fiction souveraine, envahissante, bruyante, fêtée, honorée, chantée! Les prisons en regorgent, et aussi les bagnes, et même les écoles; la mer a ses conteurs, le sauvage ne s'en fait pas faute. L'an passé on a envoyé en Chine un grave ambassadeur, qui a fait ses quelques six mille lieues, tout exprès pour nous rapporter des contes et des pots chinois. Au bas de chaque journal, tous les matins, et même le lendemain des lois rejetées ou des chemins acceptés, vous pouvez remarquer cette frêle parure, cette broderie gracieuse, ce galant mensonge placé là, comme une dentelle au bas d'un jupon court, comme un falbala autour d'une robe de bal, cette broderie, cette fête du journal, — ô bonheur! cela ne tient ni à la politique ni à la littérature de chaque jour.

C'est une chose qui vit de sa propre vie, une passion ajoutée à ces passions, un mensonge ajouté à ces histoires, une fiction à ces réalités; ô bonheur! un poëte, un vrai poëte se rencontre, de temps à autre dans ces colonnes moins sérieuses, pour nous distraire des hommes d'État qui règlent les destinées de l'humanité, et des critiques occupés à sauver du naufrage universel, l'esprit, le cœur et le goût des nations!

Présentez de nos jours, à un journal bien né, Boccace et Machiavel, et dites au journal de choisir? — on prendra Boccace, le roman; on fera la moue à Machiavel, le *fait-Paris;* quant à M. Aristarque, ah bien oui! si tu as de bonnes jambes, mon brave, Aristarque, on fera de toi un des porteurs de cet *Impartial,* de cet *Universel!*

II.

Lui-même, le plus grand de nos poëtes, le plus illustre, l'homme de ce siècle qu'il faudrait sauver, s'il arrivait un nouveau déluge et qu'on ne pût sauver qu'un seul homme pour représenter l'univers englouti, ce vaste front qui contenait en germe la poésie moderne, le saint vieillard resté sur les débris du monde passé, pour en proclamer les grandeurs; le chrétien qui rêvait le christianisme, quand vivait Danton, un homme que les deux mondes adoraient prosternés devant son génie, cette tête évangélique, ce père des déserts d'Orient et d'Occident tout à la fois, ce miracle vivant auquel nous croyons, nous autres, plus encore que nous ne croyons à Bonaparte, Châteaubriand! Châteaubriand, à l'âge d'un siècle, car il faut compter ses années par ses victoires, Châteaubriand, le père de *René*, d'*Atala*, des *Martyrs*, il se met à vous faire un conte, *Rancé!* Il faut le lire à genoux, ce conte du désert, où le poëte en cheveux blancs fait danser, sur les tombes vides et silencieuses des solitaires, l'image chastement lascive de mademoiselle Taglioni!

Et enfin, celui-là aussi, quand il est mort enfin, parce que ça ne l'amusait plus de vivre, quand il est mort ayant tout épuisé, le succès, les remords, l'esprit, l'argent, les pensées, la vérité, le mensonge, l'ironie, les joies et les douleurs de l'homme d'État; quand il se fut bien assuré que rien d'humain ne battait dans cette poitrine que Pitt lui-même eût enviée, sinon le cœur de Walpole, en personne, quand il eut passé en revue, d'un regard oblique, toutes les pensées de ce qu'il appelait son âme, et quand il se fut bien assuré qu'il avait épuisé toutes les habiletés de ce monde; comme il voyait, en même temps, qu'on ne lui faisait plus de bons mots et que l'étonnement l'abandonnait (il se passait de l'admiration volontiers, mais il voulait de l'étonnement à tout prix), comme enfin il n'avait plus rien à railler autour de lui, et que l'ironie même lui était devenue une fatigue, il s'avoua, un beau matin, qu'il avait assez usé de cette sotte vie des diplomates, qu'il en avait dévoré le fruit et la feuille, qu'il avait bu jusqu'à la lie cette coupe où dominait (de son temps) le vin de Johannisberg.

Il se disait aussi que les femmes avaient beau changer autour de lui, c'étaient toujours les mêmes femmes; que l'or avait beau s'écouler, fleuve intarissable, de ses mains encore brillantes, c'était toujours le même or; comme c'étaient toujours les mêmes consciences, toujours les mêmes caractères, toujours les mêmes affaires, toujours les mêmes intérêts et toujours les mêmes cordons, les mêmes plaques, les mêmes rubans, les mêmes honneurs à porter, le même jeu de whist gagné, perdu, gagné encore, toujours enfin le même Montron, le même flatteur perfide, à ses côtés, qui lui disait les mêmes quolibets, les mêmes menteries avec le même sourire édenté. — « Véritablement, c'est assez vivre, j'en ai vu assez, prenne ma plume qui la voudra prendre, pour moi, je m'en vais; et je m'en lave les mains. » Il partit, en effet, mais on ne dit pas qu'il ait songé à se laver les mains.

Il est mort, mais voyez ici éclater la providence du conte, la providence du roman, la volonté du poëme, la volonté de là-haut qui ne veut pas que le monde *soit livré aux disputes*, la Providence a voulu que M. de

Talleyrand lui-même, cet homme de marbre et de porphyre, ce sourire qui vous glaçait, ce petit regard clair, lent et fin qui jugeait..... tout d'un coup d'œil, et vous en aviez pour toute l'éternité — cette parole qui semblait venir de quelque tombe où l'on aurait enfermé, à la fois, le cardinal de Mazarin et Triboulet, — ce menteur qui mentait, en disant vrai, ce dédaigneux qui trompait les hommes, justement parce qu'il les méprisait trop, pour les tromper; ce seigneur qui avait été évêque, et qui, en sa qualité d'évêque, avait dit, en plein Champ-de-Mars, la messe la plus solennelle et la plus sérieuse que jamais ait célébrée l'univers chrétien, depuis le jour où le Christ dit à ses treize apôtres : *Mangez et buvez, ceci est mon corps, ceci est mon sang !*

Ce damné, neveu d'un saint, que le vieux saint, son oncle, a disputé à l'enfer et dont l'enfer n'a pas voulu, tant cet esprit de ténèbres faisait peur au prince des ténèbres, Talleyrand, Talleyrand, le seul diplomate dont le peuple sache le nom, Talleyrand, avant de mourir, que fait-il? Il veut laisser après lui, un conte, un roman, et il écrit ses *Mémoires*. Non! depuis les *Contes moraux* de Marmontel qui ont sauvé le *Mercure de France*, le génie du conte n'a jamais rien produit de plus étrange et de plus hardi !

D'où il suit, cher Fabius, qu'il ne faut pas que nous retombions sottement dans les vieilles querelles de l'histoire et du poëme épique, de la tragédie lyrique et de la tragédie bourgeoise, de la tragédie bourgeoise et de la comédie gaie, ici mademoiselle Rachel, là mademoiselle Brohan, les deux belles statues vivantes du piédestal de Molière, et que tu avais grand tort, l'autre soir, de pousser inutilement ce grand soupir de regret, et que moi, qui te parle, j'ai cent fois tort d'amonceler ainsi ces preuves présentes, passées et à venir, pour te démontrer l'excellence de la fiction, et son règne légitime, dans le pays qui a produit *Candide* et le *Programme de l'hôtel de ville.*

Je ferai mieux que cela, et bien que je sache toute la difficulté d'intéresser et de plaire, pour celui qui écrit une histoire, pour celui qui la chante, j'apporterai, moi aussi, mon offrande pour servir à l'ornement du temple ; le temps est froid, la nuit tombe, le silence s'empare des hauteurs que j'habite, la bise chante sa petite complainte glaciale, le chat domestique, croupetonné à la belle place, n'attend plus qu'un main amie pour commencer son ronron harmonieux ; déjà disparaît, emportant dans son voile de nuages, ces milliers de baisers, de mensonges et de polichinelles de bois, la maussade nouvelle année, en nous laissant, pour tant de vœux et de bonbons indigestes, de vagues espérances et des souhaits ridicules ; je veux, moi aussi, profiter de ce jour qui s'envole, pour te faire un récit à ma guise, très-vraisemblable, très-impossible, mais aussi vrai que s'il était signé de Sa Majesté l'empereur Nicolas. — Pourquoi pas ? — N'as-tu pas lu deux ou trois jolis contes de l'impératrice Catherine *le Grand* dans les œuvres de son ami Diderot ?

Tu ne connais guère les vieilles maisons et les vieilles rues de notre vieux quartier, dans le vieux Paris ; tu es un homme élégant, un jeune homme ! qui aime l'air, le soleil, le bruit, la vie, la foule. Il te faut des habits, des manteaux, des dîners, des soupers, de l'or dans votre bourse, seigneur Rodérigo, et, à votre lèvre, le feu éternel que vend la régie, et qui n'est pas le feu de Vesta. Tu n'es pas méchant, mais, comme nous tous, tu aimes le plaisir en personne et la douleur en peinture, et cela ne te plaît guère de voir la pauvreté de près, et de la sentir, et de l'entendre grouiller, elle et ses enfants, fils, sœurs, frères, filles, belles-mères et mères-grands, légitimes et bâtards, cousins et cousines, agnats, cognats, ascendants et descendants de l'indigence! Non, tu n'aimes pas cela, et à peine peux-tu supporter ce tas d'insectes dans les pages du *Juif Errant!* Je ne te condamne pas, tu as raison; tu n'es pas un philanthrope, tu n'es pas un des forgerons de la boutique économique, tu n'es pas un des cyclopes de M. Jean-Baptiste Say, l'ami des hommes, tu ne songes qu'à tes rimes, à tes stances, à tes élégies, à tes idylles, à ton poëme à la Byron, bon jeune homme! Il faut cependant que je t'arrache à ce sacré *far-niente* qui te plaît et qui ne peut gêner que ta maîtresse, que tu accables de tes vers.

Viens avec moi et..... regarde; c'est ici! voici la porte! Point de description, je n'écris pas en vers, et j'aime mieux aller au fait que t'obliger à compter les clous de la porte sans marteau, et les marches de l'escalier sans garde-fou : cette maison n'a jamais été neuve, même un seul jour; jamais le bouquet des maçons où flottent, en signe de repos d'une œuvre bien achevée, les rubans joyeux, n'a jamais été posé sur ce faîte hideux; jamais le soleil sec et vif n'est entré dans ces murailles qui suintent la fièvre, la boue, l'immondice, le désespoir. Figure-toi un grand abîme creusé en haut.... à commencer par le puits; le puits est resté puits. T'y voilà; tu vois que je n'abuse pas de la période; fais comme je fais en prose, quand tu feras des vers.

Dans le plus pauvre taudis de cette pauvre maison, logeait, pour ainsi dire à la belle étoile, une pauvre famille d'hommes et de femmes, ou, si tu l'aimes mieux, d'Auvergnats, venus de la Savoie, la Savoie est, comme on sait, le vrai pays des Auvergnats. Je ne sais guère ce que fait le roi de Sardaigne, et à quoi il perd sa peine, mais ce que je sais très-bien, c'est que le bon sire ne s'inquiète pas plus des Auvergnats que s'ils étaient des Savoyards, et qu'il nourrit aussi peu les Savoyards que s'ils étaient des Auvergnats. Paris, d'ailleurs, abandonne à l'Auvergnat d'assez grands priviléges : l'eau de ses fontaines au porteur d'eau, le bon coin de chaque rue au commissionnaire, ses cheminées au ramoneur! Ainsi, le même royaume nous envoie les gens qui nous donnent l'eau et le feu, et, en revanche, nous leur livrons nos secrets domestiques, renfermés dans une enveloppe de papier Weynen, quand elle n'est pas de M. Bath.

Ce pauvre homme, je parle de mon porteur d'eau, était retenu chez lui par un rhumatisme, aigu parmi les plus aigus; il était assis et torturé sur lui-même, on ne peut pas dire *roulé*, et son œil bleu encore, la couleur de la mère patrie, regardait à travers le givre, ce je ne sais quoi de lamentable que voit l'œil du pauvre quand le pain manque, et avec le pain, le feu, et même l'eau manquait, l'eau était changée en glace — Dans ce néant, le pauvre homme regardait, sans voir, il écoutait, sans entendre. O les chansons que lui chantaient les fontaines aimées, pendant que le distique latin de Santeuil se déroule, grâce scandée, autour de la naïade à demi nue, pendant que l'enfant tend sa main ou sa joue à ce flot bondissant! O le bruit charmant de la borne, en été, quand elle jette l'eau à flocons! O le balancement régulier des seaux remplis de santé, de propreté, de bonne humeur quand vous êtes reçu par la cuisinière du second étage qui vous donne, de sa main rougie, un doigt de vin et dix centimes! Plus de fontaines, plus de chansons! La naïade intarissable dont notre ami Pierre s'était fait l'esclave assidu, elle appartient à un autre! On ne crie plus dans le quartier :

Pierre! monsieur Pierre! on crie : *Jean! monsieur Jean!* —Grande misère! être tenu là, immobile,
muet, attristé,—inutile!—justement le jour de la grande
fête chrétienne, qui contient trois fêtes : l'adoration des
mages, le baptême du Christ et son premier miracle,
son miracle populaire, l'eau changée en vin aux noces
de Cana.... Le grand jour de l'année commencée, le
jour des Rois.

L'entendez-vous qui retentit dans tous les clochers
et dans toutes les âmes de la chrétienté, cette heure
fortunée, où les mages, observateurs des astres et con-
duits par l'attrait de l'étoile, s'en viennent, du fond de
l'Orient, offrir à Jésus enfant, à Jésus inconnu, au
Jésus de l'étable, l'or, l'encens et la myrrhe : l'or
au Roi, l'encens au Dieu, la myrrhe de Gannal à
l'homme mortel. — *Nous avons vu son étoile,* dit l'a-
pôtre saint Jean, et cette étoile, le monde la voit encore, brillante au-dessus des autres, qui annonce, dans
le ciel éclairé de ses rayons limpides, le Christ qui
vient de naître; encore aujourd'hui, infatigable, et brillante comme le premier jour, par cette nuit tranquille
et belle qui, dans un ciel net et pur, étale ses feux
splendides, elle se lève radieuse, cette étoile du Roi
des Rois, cette étoile de Jacob, tournée vers l'Orient où
se lèvent les astres, et se faisant reconnaître à ses clartés
par l'armée du ciel qui la suit. Il est tard, la nuit tombe,
c'est en ce moment même qu'il faudrait se réjouir et
chanter le cantique des êtres heureux. Partout la fête,
partout la bombance, partout la chanson ! Chaque enfant va au-devant de la mère de famille : « Mère,
qu'apportez-vous dans votre tablier blanc? » Et quand
le père est rentré : « Père, nous avons faim et nous
attendons notre fête, le pain? le vin? et l'oie aux flancs
rebondis sous les châtaignes savoureuses? »

Vivent les rois, c'est leur fête! — C'est le jour des vrais rois de ce monde, les rois de la poule au pot, les rois prédits par Béranger, le prophète de l'avenir heureux. « Père, voici le pot, où est la poule? Le pot déjà chante sa chanson impatiente, mais la chanson est creuse encore! Donne le sel, donne l'épice, donne tout, père : *dites que ces pierres deviennent du pain*, et nous ferons le reste? » A ce discours qu'il se tenait tout bas, en lui-même, Pierre l'Auvergnat, Pierre le porteur d'eau, se sentait brisé contre son dernier obstacle, le désespoir, il doutait en même temps de la justice qui venge et de la sagesse qui règle, de la bonté qui guérit et de la puissance qui corrige, et il se tenait immobile, agité de convulsions et de douleurs comme une femme en travail d'enfant.

Et les autres que faisaient-ils? à quoi pensaient-ils, ces désespérés d'eux-mêmes, *desperantes semetipsos?* Chacun rêvait en silence pour ne pas laisser pénétrer, à son voisin, les jointures, les moelles, les pensées, les intentions de sa propre misère; chacun regardait, de côté, les nuages du ciel, chacun invoquait son roi et sa reine : l'abandon et la faim. — L'habitude! dites-vous, oui, l'habitude, mais il est des jours où l'habitude même serait un contre-sens. Mourir de faim, un jour de bombance, un jour des Rois, un pareil jour de fête où le petit Jésus-Christ se révèle au monde sauvé, habituez-vous, s'il vous plaît, à cette misère-là; Pierre et sa famille n'y étaient pas encore faits, Dieu soit loué! et voilà pourquoi ces braves gens attendaient encore avant de pousser leur dernier cri de désespoir, ce cri de la nuit qui brise les nues et perce jusqu'à Dieu.

La famille se composait : de la femme, une femme selon Dieu, grand courage, mais frêle créature, mère éprouvée par le jeûne qui l'avait épousée avant son mari, le jeûne qui avait allumé le feu de ses yeux, qui avait tari le lait de son sein, qui avait énervé ses bras, qui avait gonflé sa poitrine; le jeûne, si froid, si dur; inerte, affreux; le jeûne silencieux, muet, béant, endormi, caché dans les rides, dans le souffle, dans le sourire, dans le baiser que la mère donne à l'enfant, en lui faisant sa large part dans le petit morceau de pain de la famille. Cette mère n'en pouvait plus, elle ne pouvait plus vivre, lampe sans huile, humble flamme qui brillait encore par intervalle. Le grand-père, vieux, morose, cassé, blessé et hébété à la guerre, soldat en ruines, se taisait comme s'il eût obéi à la consigne; il ne se plaignait pas, il ne plaignait personne; il disait de temps à autre avec un gros soupir : *les rois! les rois! les rois!* et il faisait *rataplan* sur la cheminée froide : *rataplan, rataplan.* Le brave homme! il eût donné tous les rois avec leurs trônes et même son vrai roi, le roi de Sardaigne, pour une chique, pour une prise de tabac.... *les rois! les rois!*

La grand'mère... oh! pour la grand'mère elle était la plus sage; elle chantonnait une vieille chanson auvergnate en italien-savoyard, un cantique à la Vierge, tout en filant une quenouille absente, un fil imaginaire; son pied droit s'agitait comme le pied d'une élève de mademoiselle Catincka sur un piano de Herz, et elle filait; elle filait, elle filait, la bonne vieille : « Voici de belles chemises pour les enfants, des fines, des moelleuses, des toutes blanches; on les fera blanchir à la porte de la chaumière, à la rosée du matin et du soir : filons, filons! —Voici de bonnes chemises pour mon fils, de la vraie toile, bonne toile, rousse, forte, de bon usage, aimée de l'eau et du soleil : filons, filons, mon Pierre sera content, filons! Voici un drap, filons! pour mon homme, filons! pour le vieux soldat. » Pauvre bonne vieille!

Puis, quand elle eut filé ce fil et cette laine d'a-
gneau-prime, pour ces amis de son âme, qui risquaient
si fort d'être bientôt des couche-tout-nus, elle finit par
songer à elle-même, et chantonnant toujours sa chanson
joyeuse, digne *De profundis* de cette misère, elle se mit
à filer son linceul. Elle le voulait souple et tiède, elle s'y
enveloppait à l'avance pour toute l'éternité ; elle était
fière en songeant que du moins à la fin du monde, les
gens ne la prendraient pas pour une femme sans linge.
Filez, filez, pauvre vieille, filez, filez encore.... et tout
le reste de la chanson composée par un mort, Boyeldieu.

Restaient les deux petites filles, deux marmottes
éveillées (hélas ! leur camarade la marmotte en vie, leur
compagne qui connaissait leurs voix et qui sortait de son
sommeil de l'hiver, pour danser la danse du pays : bon et
doux animal, si calme et si honnête, qui n'aime qu'à dormir ; rêveuse pensée, qui se blottit sous la glace et qui attend le printemps pour se nourrir de quelques pousses de
bruyère, la marmotte avait succombé à la peine, ou
bien elle avait désespéré de son art, comme si elle eût vu
danser la Carlotta Grisi dans quelque ballet flamboyant
de Théophile Gautier). Ces deux petites filles, tant que
vécut la marmotte (marmots et marmotte allaient si
bien ensemble !) avaient aidé à nourrir la famille ; elles
étaient si jolies et d'un regard si fin ; la santé tenace, et
il fallait que cette santé-là fût tenace, en effet, s'obsti-
nait à colorer leurs belles joues du duvet incarnat de la
pêche ; elles faisaient plaisir à voir, rieuses, dans cette
neige, rieuses dans ces sabots, rieuses, tendant leur petite
main gaie et caressante, rieuses quand on leur donnait
un petit sou, rieuses quand on ne leur donnait rien.

Par malheur, l'avant-veille même du jour des
Rois, les pauvres enfants, qui chantaient de plus belle
la Catharina, —quelque sainte ou quelque profane dan-

seuse de leur pays de brouillards, — furent arrêtées pour
crime de mendicité! Elles ne mendiaient pas ces enfants, elles demandaient; elles ne savaient pas, elles
ne pouvaient pas savoir que c'est un grand délit...

Avoir faim, avoir froid, savoir son père alité, sa
mère mourante, ses vieux parents insensés! — Mais la
loi, on l'a dit à notre tribune nationale, on l'a dit bien
haut, et le ciel dédaigneux n'a pas lancé sa foudre
sur l'orateur! la loi est athée, elle est pis que cela, elle
est sans cœur. Le *bon* sergent de ville, ne vous étonnez
pas de l'épithète, le *bon* sergent de ville, discret serviteur de cet athéisme légal, quand il eut fait grand bruit
du délit de ces enfants, quand il eut bien menacé de les
conduire en prison — en prison, des enfants! en prison
comme des hommes! — le *bon* sergent de ville, je le
dis trois fois, au détour de la rue de Jérusalem (quel
nom, pour quel abîme!) tourna la tête, et comme il vit
qu'il n'était pas suivi et qu'il pouvait donner un croc-en-jambe à la loi, qui ne demandait pas mieux que de le
recevoir, il relâcha les deux enfants avec de gros jurons,
et non-seulement il les relâcha, mais encore il glissa
dans leurs quatre mains, un beau sou à l'effigie du roi
Louis XIV, cinq beaux centimes auxquels le saint roi
semblait sourire. Cette fraction modeste d'une partie
qui n'était pas considérable, ou plutôt ce don d'un tout
qui n'était rien, le sergent de ville le destinait à l'achat
d'un cigare qui devait le réjouir tout le soir. C'était
beau à lui, mais, hélas! sa gloire ne fut pas complète,
car dans cette même soirée, il fut maussade jusqu'à
l'injustice, et il arrêta, à dix heures, sous prétexte qu'il
était minuit, trois ou quatre malheureuses diablesses
qui se promenaient, la tête nue, et tenant à la main
un mouchoir dont se fût mieux arrangé leur cou frileux.

Les deux petites filles avaient bien promis à *monsieur le sergent* de ne plus retomber dans leur crime, les parents qui tremblaient encore, pour rien au monde, même pour un pain blanc de quatre livres, n'auraient consenti à laisser sortir leur Jeannette, leur Louison ; — Jeannette et Louison pensives, pleuraient leur marmotte ; avec elle s'était ensevelie leur utile et compatissante liberté.

Vous pensez bien que tout ce monde, exténué, ne songeait même pas à se plaindre, à plus forte raison ne songeaient-ils pas à maudire les cœurs impitoyables qui empêchent Dieu lui-même, comme c'était son intention éternelle, de donner aux petits, leur petite vie, coupables qui violent, par leur dureté, la société du genre humain. Ces pauvres gens, enfouis chaque jour davantage, dans le centre de leur bienheureuse ignorance, n'en savaient pas si long que cela ; ils pensaient que le pain même était pour eux le fruit défendu ; la faim avait éteint dans leur âme innocente, cette intrépide inspiration qui vous ébranle le cœur, en présence de ce qui n'est pas juste, ce je ne sais quoi qui luit au dedans de vous-même, à l'idée seule que la Providence ne peut pas être infidèle à l'amour qu'elle porte au monde. — C'est qu'en effet, si la foi est hardie, la misère est timide, la misère a quelque chose de stupide, le malheureux ne pouvant pas comprendre et comment il se fait, par quel hasard, par quel miracle, en sens inverse de la providence divine, il est tombé, lui homme, et souvent lui chrétien, dans un abaissement tel qu'il soit forcé de dire à son enfant : « Enfant, pas de pain ! » et à son père : « Père, plus de pain ! » O misère ! forcé de maudire la fécondité de la femme qui l'a mis au monde, et la fécondité de la femme qui lui a donné ses enfants !

Eh bien! vous n'avez pas encore le tableau complet; ces malheureux, ces meurt-de-faim, ces...., comment dirai-je? ces *Irlandais!* ils avaient trouvé le moyen d'ajouter deux autres misères à leur propre misère; une femme et un enfant! oui, une autre femme! oui, un autre enfant! Ce sont là de tes miracles, ô charité! patrie universelle et sainte qui, de la famille immense, si tu le voulais bien, ne ferais qu'une seule famille!

Cet enfant, recueilli sur l'escalier même de cette froide maison, était l'enfant d'un poëte, à ce qu'on disait, un pauvre bonhomme de poëte des anciens jours, qui savait par cœur l'*Art poétique* de Nicolas Boileau Despréaux, et qui avait appris sa langue dans la *Grammaire des Grammaires* de M. Girault-Duvivier. Il avait lutté et lutté encore contre les novateurs, contre les modernes, contre les drames, contre la langue échevelée, contre tout, et il s'était brisé la tête sur les sept cercueils de *Lucrèce Borgia.* Il avait lutté contre le roman historique, contre le roman-feuilleton, contre madame Dorval, toute-puissante par sa douleur, par ses larmes, par sa pitié, par son cœur, et contre son digne camarade Frédéric-Lemaître; il avait nié et renié *Antony*, *la Tour de Nesle* et *les Saltimbanques;* il avait accablé de ses malédictions muettes : *le Roi s'amuse*, *Hernani* et *les Burgraves*, dans *leur burg*, comme dit M. Vaquerie; il avait exécré l'*Othello* en vers français et le *Chatterton* de M. Alfred de Vigny.

A son heure dernière, son enfant seul lui restant pour le consoler...... pour l'accabler de cette effrayante certitude : « pauvre petit, ma pauvre âme, mon reste de vie, mon amour, le portrait que m'a laissé ta mère, chérubin aux ailes coupées, ange que j'aime, le dernier cœur où je sois aimé! enfant à qui je lègue ma misère et qui seras tout à l'heure embarrassé du cadavre de ton

père que l'on va jeter dans la fosse commune , » même à
son dernier souffle, ce malheureux génie incompris parce
qu'il n'avait pas de génie, comme tous les génies que
l'on ne comprend pas, si on lui eût proposé d'ab-
jurer ses croyances poétiques et de reconnaître les faux
dieux du nouvel Olympe, soudain il aurait retrouvé la
voix pour exécrer tout ce qui n'était pas *Sylla, la Fille
d'honneur* et *les Vénitiens.*

Dans toute sa vie..., trop longue , *ce favori des
Muses,* cet enfant d'Apollon monté sur Pégase, la tête
couronnée des fleurs de l'Hélicon, avait eu cependant
un instant, un instant fugitif, un instant d'espoir.
Certes, quand il eut assisté au triomphe de *Lucrèce*,
à ce triomphe définitif, quand il eut vu l'*Académie
française*, peuplée des enfants de Joseph de Lorme,
qui couronnait M. Ponsard, empereur et roi de la tragédie ressuscitée, notre poëte avait espéré des temps
meilleurs. Déjà il se voyait honnête ! fêté, enrichi à son
tour ! Ses dettes étaient payées, il avait une réserve pour
son fils, et pour lui-même un habit neuf. — Rêves
d'une belle âme que le papier timbré fit envoler comme
autant de colombes effarouchées. Un jour même, le libraire du coin , un homme de la rue des Grès, était
venu chez ce malheureux classique aux abois, et pour
dix écus ce libraire, cette sangsue, avait demandé à ce
malheureux homme une chanson intitulée *Lucrèce !* et
cette chanson, jugez si le poëte était à plaindre, le
poëte l'avait faite ! Que voulez-vous ? la misère ! « *Ce
n'est pas moi qui vous vends ce poison,* dit l'apothicaire
à Roméo, *c'est ma pauvreté.* »

Pourtant, — il faut le dire, — la chance fut tout
à fait contraire à *l'enfant des Muses*, il eut un succès
pour la première fois de sa vie. Quelle honte et quelle
disgrâce ! Ce blasphème contre le chef-d'œuvre, cette

indigne parodie, cette chanson faite à contre-cœur, cette imposture eut plus de succès, mille fois, que n'en put jamais obtenir son *Astyanax*, sa *Callirhoé* et sa tragédie *romantique* (parce qu'elle avait *sept* actes) intitulée *Pasiphaé*, dont le Théâtre-Français n'avait jamais voulu tant seulement déployer le manuscrit.

On chantait donc, de la rue Sainte-Geneviève à la rue Saint-Marceau, cette chanson que le poëte inconnu avait rencontrée dans un vieux livre, qu'il avait vendue comme sienne, et qui faisait la grande joie de tous les estaminets romantiques du quartier latin :

> Dans cette belle contrée
> Où le Tibre en ses replis
> Roule son onde dorée,
> Ma vue au loin égarée
> Errait parmi des débris.
>
> Le dieu des ombres légères
> M'invitait au doux repos,
> Quand d'antiques caractères
> Suspendirent mes paupières
> Qu'allaient fermer ses pavots.
>
> C'était la triste aventure
> De Lucrèce et de Tarquin.
> J'en ai tracé la peinture...
> Puisse la race future
> Me pardonner ce larcin.
>
> Lucrèce eut une âme tendre,
> Elle eut un cœur vertueux ;
> Tarquin ne put s'en défendre,
> Et le défaut de s'entendre
> Fit le malheur de tous deux.
>
> Un jour, tout parfumé d'ambre,
> Méditant d'heureux efforts,
> Il la surprit dans sa chambre....
> On n'avait point d'antichambre,
> On n'annonçait point alors.

A ses pieds il tombe, il jure
Qu'il sera respectueux
Que sa flamme est vive et pure....
On dit qu'en cette posture
Un homme est bien dangereux.

Lucrèce reste muette ;
Mais bientôt prenant un ton,
Elle veut fuir sa défaite....
Mais n'ayant point de sonnette,
Comment tirer le cordon ?

Tarquin devint téméraire,
Lucrèce eut recours aux cris,
Elle tombe en sa bergère....
Le pied glisse d'ordinaire
A qui n'a pas de tapis.

Le remords trouble son âme,
Jusqu'au plaisir, tout l'aigrit ;
Un poignard éteint sa flamme...
Dans notre siècle une femme
A plus de force d'esprit.

A force d'entendre chanter et applaudir sa chanson qui n'était pas sa chanson, et quand le dernier de ses écus eut été rejoindre le dernier denier de cet horrible et abominable Judas Deutz qui a déshonoré même l'espionnage, le père du petit André finit par comprendre que la honte lui rendait la vie impossible. Hélas ! il avait renié ses dieux, pour dix écus ! Pour dix écus (en petite monnaie), il avait insulté le seul chef-d'œuvre qui lui rendît la chère espérance de voir représenter quelque jour sa *Pertharite* ou son *Hercule !* Pourquoi non ? le Théâtre-Français a bien joué la *Virginie* de M. Latour (de Saint-Ybars).

III.

Il mourut désespéré d'avoir renié ses dieux et il mourut, enseveli dans son triomphe; en vain il invoquait M. Étienne, M. Jouy, M. Arnault, M. Baour-Lormian, et sainte *Agnès de Méranie!* Rien ne répondit à sa voix, que son petit enfant qui restait orphelin. Voilà toute l'histoire du père de notre enfant André.

André, *le petit voisin* qui jouait avec Jeanneton et Louison, dans les beaux jours, André, *le fils du monsieur*, fut recueilli par ses deux voisines; c'était un petit être si frêle, si frileux, si friand de laitage, si caressant, si triste, qu'il eut bientôt remplacé la marmotte. Il paraissait avoir sept à huit ans, mais il était un peu plus âgé; il était pâle, avec deux beaux grands yeux, pleins de larmes brillantes et des cheveux d'un blond cendré, cendrés comme ceux de sa mère, la femme du poëte, morte la première, et c'était le seul acte d'égoïsme qu'elle eût commis dans sa vie! Il parlait à voix basse, comme un enfant qui a peur, et récitait de temps à autre des bribes de poésie sur un ton élégiaque; il rappelait, dans son attitude pensive, ces fleurs de cimetière qui se balancent sur les fosses à peine fermées! En peu d'instants il fut adopté par sa nouvelle famille; un de plus, un de moins, où est le danger, quand on n'a rien?

La jeune femme.... ah! la jeune femme, qui avait trouvé un asile dans le grenier...., c'est toute une histoire, et justement je ne veux pas écrire une histoire. Soyons vrai, c'est un poëme que j'écris, c'est un oratorio que je chante, c'est une symphonie fantastique que je joue sur la quatrième corde de mon violon fêlé. La quatrième corde, la seule qui me reste, car je n'ai pas brisé les trois autres à plaisir, je hais le tour de force comme je hais la statistique, la philanthropie et cette autre blague (passez-moi le mot), cette blague ridicule qu'on appelle : l'*économie politique*, beau métier à enrichir l'échangiste Cobden, et le buveur d'eau Mathews; qui laisse Howard se morfondre à la porte des prisons, pendant qu'elle faisait de M. Lucas, une puissance!

Je reviens à la jeune femme... mais vous savez cela depuis des siècles. Elle est jeune, elle est belle, elle est pauvre et elle se meurt sous le poids de l'abandon. Elle était cependant très-aimée d'un assez digne cousin qui en voulait faire sa femme, mais elle avait un oncle, un horrible oncle, laid à faire peur, avare à faire pitié.

Avare à ce point, que le chien de l'aveugle frôlait la muraille quand il passait près de ce bandit! — A ce point, que sa nièce à la mamelle, en avait peur! — A ce point, que l'usure était montée à son cerveau et qu'elle ne lui laissait ni repos, ni trêve, comme eût fait un transport fiévreux! Il avait commencé par chasser sa nièce, et comme on se plaignait de cette action dure, il avait déshonoré cette enfant par ses innocents propos d'avare! Puis le jeune homme en question était venu chez la fille abandonnée, puis il était parti, parce que...., parce que, voilà tout! L'amoureux parti, était venue la misère, et l'on était montée là-haut, dans ces limbes noirs, pour vivre du travail de ses mains, et des soupirs de son cœur. Les soupirs avaient empêché le travail, la faim avait fait taire les soupirs : trois mois après était venu le propriétaire (propriétaire femelle!) de ces taudis, le fisc la pressait, elle pressait ses hôtes; l'impôt la rendait féroce; elle fut très-volontiers féroce, et elle traîna par ses beaux cheveux, cette fille insolvable qui se serait brisée dans cet escalier de malheur, sans notre ami Pierre, le porteur d'eau. Le porteur d'eau fit un effort et il porta cette orpheline de père, de mère et d'amant, ici-même, sur son propre lit, où la jeune femme s'abrita, accablée sous la fièvre et poussant de petits ricanements : *ah! ah! ah!* quelque chose de si doux, de si amical, de si résigné, une plainte mourante!... Le silence de ce taudis n'en était que plus profond.

Ah! si vous aviez été là, madame Hélène, si vous aviez pu lire, sur ces murailles, cette inscription écrite par le bon Dieu : *ici les malheureux trouvent des gens qui les pleurent;* bienfaisante et inaltérable bonté que rien n'arrête... si vous les aviez vus tous les huit, accablés par le sort; et toi aussi, cher Franz Litz, luthérien qui as tenté de relever la cathédrale de Cologne à toi seul, grande âme d'artiste passionné que l'on aime et qu'il faut aimer; et vous encore, Anatole Demidoff, grand aumônier inconnu, qui cachez votre aumône abondante, comme les autres cachent leurs crimes, si vous aviez été là.... mes gens eussent été sauvés, et j'aurais eu beau me dire : *inventons une belle fable,* mon histoire eût été perdue! « Où étais-tu, Crillon? » disait le brave Crillon, la main sur son épée, un jour qu'il entendait prêcher la Passion. Cette parole du hardi soldat aurait dû lui être comptée sur la terre par son ami Henri, elle lui a été comptée dans le ciel.

Mais madame Hélène était à ses pauvres; mais Litz est dans la Russie méridionale, où il joue la *Marche hongroise,* où il jouerait *la Marseillaise,* si on le laissait faire; mais le prince de Demidoff est à sa maison de Florence, admirable rendez-vous des beaux-arts; mais il fallait que nos huit misérables mourussent de faim, qu'un miracle les secourût, et que moi j'écrivisse ma symphonie ! Je ne sais pas si ce se...un miracle, mais rassurez-vous, mon orchestre ... ante, mes chanteurs qui déclament, mes chœurs que j'entends dans le lointain et qui prennent leur part de ce concert écrit par un très-simple mortel, pour les malheureux et pour les anges, tout me dit : *pas trop de larmes, on sauvera ces malheureux !*

L'enfant du poëte, frileux et pensif, s'était blotti à côté de la jeune femme malade, nommée madame Victoire, comme la maréchale de Saxe, car tout était dérision dans cette indigence, même les noms du baptême. Tout à coup l'enfant sort de sa niche et de son silence : « Père, dit-il à Pierre, de sa douce voix, père, j'ai une idée ! Je veux aller chercher un gâteau des rois à toi, père, à mes deux mères, à madame Victoire, à mes sœurs.... Veux-tu?.... Il fait beau, toute la ville est en fête, je n'ai pas peur des sergents de ville. J'irai, je prendrai ma petite lanterne magique (son seul héritage !) et je montrerai aux enfants comme moi, monsieur le Soleil et madame la Lune. Va, sois tranquille, laisse-moi sortir, je reviendrai bientôt. »

Il disait cela si bien, si gentiment, que maître Pierre, oubliant sa sciatique, se pencha, en criant, pour baiser le front de cet enfant. « Pauvre petit, dit-il, pauvre petit ! » Et Pierre, qui n'avait pas voulu pleurer sur Jeannette et Louison, ses filles légitimes, se mit à pleurer sur son fils adoptif. « Pauvre petit, disait-il en le baisant, si tu avais la force, je t'aurais donné mon hôtel de la *Dent d'or,* mon hôtel du *Cheval blanc,* mon hôtel de *l'Empereur Joseph II*, mon hôtel *des Ambassadeurs.* » — Riches hôtels dont Pierre était naguère le porteur d'eau.

Ne le savez-vous pas? ce bel enfant s'appelait

André, non pas en souvenir d'André Chénier, j'imagine, car le poëte défunt ne pardonnait pas à André Chénier d'avoir donné le signal du départ à la poésie moderne ; André avait l'intelligence que la bonne nature accorde d'ordinaire aux êtres débiles (sans doute pour remplacer une force par une autre force), et la résolution des nobles cœurs. Il se mit donc à chercher ce joujou de lanterne magique dont il voulait faire son gagne-pain, mais l'instrument était tout en désordre, la lampe manquait d'huile ; le miroir de métal était bossué, monsieur le Soleil avait perdu ses rayons, et madame la Lune s'était cassé le nez en jouant tête à tête avec Louison ; ce très-simple matériel se trouvait dans un désordre complet.

André, plus triste encore que découragé, réparait, redressait, frottait, essuyait, restaurait, astiquait cette frêle lampe merveilleuse qu'il se proposait de remplir au quinquet du portier ; quelque chose disait à cet enfant que son idée était bonne, et, en effet, l'image, après le conte, c'est la grande passion de nos jours. L'image a sauvé même les chefs-d'œuvre. Ce don Quichotte et ce Sancho, la poésie et le bon sens, qui nous les a rendus, plus que jamais fêtés et populaires ? les images de Johannot ! Ce Gil Blas, le modèle actif de la vie humaine, ni tout bon ni tout mauvais, mais l'un et l'autre, ce poëme de la vie réelle, ce héros vrai et peu fardé, qui nous le rend plus vif, plus animé, plus railleur que jamais ? l'illustration de Jean Gigoux !

Molière lui-même ! Molière, le bon sens fait homme, Molière est illustré ! *Le Diable boiteux* y a passé, aussi bien que les fables et les contes de La Fontaine. Du musée de Versailles, cette restauration royale, ce palais ressuscité et sauvé par la volonté de notre roi, par les grandes actions du passé et la puis-

sance du siècle futur : *Virtutes sæculi futuri*, quand
le temps en aura fini avec Versailles, Versailles sera
sauvé par le diagraphe Gavard !

Béranger à son tour, ce roi de la poésie amoureuse,
lyrique, populaire, patiente, parce que cette poésie est
éternelle, Béranger, obstiné dans sa gloire, dans sa
vie cachée et dans ses croyances, le seul homme peut-
être qui soit resté complétement, entièrement, absolument l'homme qui était en lui : poëte, soldat, amoureux, patriote, ami du peuple, ami de l'Empereur,
ami de la liberté, l'amant de Lisette ; Béranger c'est
tout dire, il a été illustré dix fois, et voici qu'une nouvelle fois, tous les arts, tous les artistes, enfants de
Charlet qui est mort, frères de Raffet, digne héritier de
son maître le vieux grognard, entourent de leurs prestiges cette chanson court-vêtue — en long manteau de
deuil, que l'Europe a chantée à toutes ses fêtes et
sur tous les champs de bataille !

Que dis-je ? le soleil aidé de la machine complaisante
de Daguerre, est devenu le plus intrépide dessinateur
qui ait reflété le ciel sur la terre ; l'illustration, si elle
le voulait bien, mais elle ne le veut pas, ferait réussir
le *Jean de Bourgogne* de M. Pitre-Chevalier ; l'illustration, — c'est la joie des yeux ; c'est l'explication de
ce qui est obscur ; c'est la clarté de ce qui est très-clair.
On ne peut pas compter ses miracles, parlons donc
avec respect de cette lanterne magique appliquée aux
chefs-d'œuvre de tous les temps, et même aux chefs-
d'œuvre de ce temps-ci.

André, tout préoccupé de son travail, marmottait
entre ses dents blanches, nettes, égales, luisantes,
que le sucre n'avait pas gâtées, et pour cause, une
petite chanson qu'il avait composée, qu'il avait notée
lui-même ; une chanson du mois de mai que lui avait

apprise le rossignol caché dans les arbres du Luxembourg, sous la protection bienveillante du duc Decaze
te des cent vétérans commandés par leur digne capitaine M. de Douhet, vieillards à chevrons, qui proté-
gent dans le jardin jaseur, la joie des enfants, la
gaieté des cygnes, la beauté des roses, la rêverie des
vieux universitaires, et les douces chansons des rossi-
gnols.

André, ce bel enfant était parvenu seul et sans maître (Choron était mort, et Wilhem livrait ses dernières
batailles pour son *Orphéon*, qui allait vaincre sur toute
la ligne) à noter d'une façon très-exacte, les notes
brillantes du Rossini des nuits d'été. Je ne sais pas si
j'oserai vous transcrire ici cette page volée à l'oiseau
amoureux penché sur sa branche et remplissant de ses
mélodies souveraines le silence des nuits, à l'heure où
l'étoile du berger commence à montrer ses frais rayons;
— je vous en donne la musique, à tout hasard.

Essayez-en, — et fussiez-vous un chanteur de la
force de mademoiselle Anaïs, si vive et si gaie quand
elle chante : *Que Lindor est charmant;* eussiez-vous
le ténor de Bouffé où la haute-contre fêlée de madame
Doche, les gens qui s'y connaissent beaucoup, vous
prendront certainement pour un rossignol :

> « Tiùu, tiùu, tiùu, tiùu,
> « Spè tiù z'qua :
> « Quorror pipi
> « Tiò, tiò, tiò, tiò, tiò,
>
> « Qutiò, qutiò, qutiò, qutiò,
> « Zquò, zquò, zquò, zquò,
> « Zi, zi, zi, zi, zi, zi, zi, zi,
> « Quorror tiù, zquà pipi, qui!... »

L'air est joli, en dépit de Mercier, Mercier *du Ruis=*

seau (on lui a fait diablement d'emprunts de nos jours, et à son ami Rétif de la Bretonne), Mercier disait au rossignol : « Veux-tu te taire, vilaine bête ! »

Garat, l'illustre faquin que la France opposait avec orgueil à ce *beau* Brummel, — qui fit l'éducation du dernier Georges, et qui mourut fou comme son doux maître ; — Garat se fâchait tout rouge, *ma paole d'honneur,* quand on le comparait au rossignol. L'aimable André n'était pas si fier que Garat, et il se serait parfaitement arrangé de cette comparaison.

A l'instant où notre artiste achevait, d'un coup de langue, son *quorror tiù pipi qui !!!* une dame, moins dédaigneuse que Mercier, entra tout simplement par la porte, ce qui prouve que la dame était une fée, car il n'y a plus que les comédiennes dans les *revues* de MM. Dumanoir et Clairville, qui descendent du ciel ou qui viennent de l'enfer, tenant à la main une baguette, en bois, doré que nous croirions féconde en prodiges, si le premier prodige de la baguette s'opérait en faveur du teint, de la taille, de l'âge, des bras, des jambes et des cheveux de la dame qui porte la baguette. A quoi bon, en effet, tenir dans sa main la clef des sciences, pour coucher dans la rue? Demandez cela à M. Raoul Rochette, garde des ci-devant médailles de la Bibliothèque royale : — mon ami Babeuf-Laviron vous répondra.

Cette dame, qui était une fée, j'en suis sûr maintenant, je la reconnais à l'ambroisie qui parfume ses cheveux blonds, et à sa façon de saluer, avec bonté, les pauvres gens, entra dans ce grenier, d'un air aussi aisé que si elle fût entrée dans quelque antique maison de la rue Saint-Honoré, ou dans quelque palais effronté de l'allée des Veuves, et elle prit place sur un escabeau de bois que lui présenta poliment le petit André.

Rien qu'à la voir, rangeant ses vêtements avant de s'asseoir sur ce banc de noyer noirci, vous eussiez reconnu une jeune femme d'un bon lignage, aussi bien on l'eût reconnue aux beaux longs plis que faisait sa robe, comme si la robe, rempart soyeux de cette beauté sérieuse, eût voulu protéger à la fois et défendre le beau corps dont elle conservait les formes pures.

Il n'y avait, de notre temps, que Mars ou mademoiselle Rosette du passage Choiseul, à qui une belle robe de soie ou de percale d'Oberkampf seyait aussi bien, et Rosette avait encore ce mérite, qu'elle faisait sa robe, elle-même! Comme les âmes tendres se devinent les unes les autres, ces pauvres gens n'eurent aucune peur de cette dame, et de son côté, la fée, d'un air calme, eut bien vite étudié toute cette misère; son visage était empreint de cette majesté naturelle qui annonce la femme de noble condition.

Soyez sûrs que les vinaigrettes, les mouches, les vis-à-vis, les landaws (si l'on fait encore des landaws), ou quel que soit le nom de ces boudoirs, profanes ostensoirs, montés sur quatre roues basses qui se promènent, gracieusement, au niveau du pavé, de la place de l'obélisque, à l'arc de triomphe, sans étonner l'empereur Napoléon, plus que ne s'étonne Sésostris.

Car les jolies filles, faciles, et en carrosse, sont aussi bien de Memphis que de Paris; — soyez sûrs que, même dans les coupés à deux chevaux, plus imposants, vous ne trouveriez pas une figure, pareille à la figure de cette dame ou de cette fée; vraiment elle avait la physionomie de son âme : si fière sans hauteur, si franchement belle dans cet âge où la femme est vraiment femme, si bienveillante aussi, car la bienveillance est l'attribut de la vraie grandeur. — A son regard net et ferme, à la dignité de son geste, on retrouvait la

femme d'une bonne et sérieuse conduite, qui ne re-
doute ni la rougeur des consciences malades, ni la tenue
empesée des visages habitués à ne plus rougir.

Elle ne jouait pas avec sa main, qui était belle
pourtant, et digne de servir de modèle à la main de
Minerve; elle ne montrait pas son pied, un petit pied,
mais un pied qui savait porter son monde, jusqu'au
grenier du pauvre; son vêtement était simple et grave,
presque austère, seulement on pouvait entrevoir une
poitrine doucement agitée par les plus nobles passions, la sympathie, la charité, la vérité. Une de ces
figures qui vous suivent quand vous les avez perdues dans le lointain, —noble tête, bien haute, bien
ombragée, idéale! Je ne dis rien du sourire; je ne l'ai
pas vue sourire. Quand elle fut assise, et après une
pause, elle prit, de ses deux mains, la tête de cet enfant;
elle le regàrda, de ses deux yeux bienveillants, l'enfant
pensa qu'il rêvait ou qu'il voyait sa mère. Puis, comme
André avait froid, elle le pressa contre ce beau sein,
et elle le réchauffa, l'enveloppant de son haleine, de ses
longs cheveux, de ses deux bras : Bartolini, de Florence, a fait, pour le musée du grand-duc de Toscane, une statue de la Pitié qui ressemble quelque peu
à cette dame. Mais cette dame, encore une fois, était
une fée, le monde en voit bien peu comme cela.

L'enfant, quand il se fut peu à peu réchauffé à cette
chaleur qui brûlerait des païens, douce chaleur pour
un honnête enfant, sentit que peu à peu lui revenaient
la force, le courage, la santé; il était comme ce lutteur
de la vie humaine qui, sur le point de faiblir, retrouve
ses forces, rien qu'à toucher le sein de sa mère.

Je ne sais pas si la force de cet enfant grandit aussi
vite que je vous le dis là, mais ce qui est très-vrai,
son courage, son espérance, sa force intérieure, le

sentiment de son bon droit, cette voix intime qui dit
aux créatures affligées et aux orphelins de cette terre :
Votre père qui est au ciel; toutes ces harmonies se
firent entendre, à la fois, dans ce pauvre cœur !

André se laissait câliner, pendant que Louison et
Jeanneton, Pierre et madame Victoire, les deux vieillards et la mère de céans, regardaient, sans envie, ce
touchant spectacle d'un bonheur inconnu. O femmes,
qui êtes belles et saintes, qui êtes riches et aimées,
qui êtes honnêtes et honorées, vous ne savez pas, vous
ne savez pas combien l'ombre même de votre doux visage est féconde en consolations et en espérances ! Pour
ma part, j'ai toujours aimé cette Marie de Médicis,
veuve d'un roi, mère d'un roi, grand'mère d'un roi,
qui comptait, dans son passé et dans son avenir,
Henri IV et Louis XIV, chassée de France par ce des-
pote jaloux qu'on appelait le cardinal de Richelieu, et
sur le lit d'emprunt de son agonie exilée, découpant en
petits morceaux, son humble manteau royal, sa dernière fortune, afin que chacun des amis de son exil pût
au moins emporter cette relique royale, en souvenir de
leur reine qui n'est plus.

La fée ou la dame — j'aimerais mieux que ce fût une
femme, pour qu'on la pût saluer quand elle passe, pour
qu'on la pût admirer, quand elle daigne se montrer à
son peuple, — la dame ou la fée dit au jeune André : « Enfant, joli rossignol qui chante, j'approuve et je loue ta
bonne résolution ; tu veux sortir, sors ; tu veux rapporter un gâteau des Rois à ta famille, va gagner ton gâteau des Rois ! Certes je t'en pourrais donner un, moi-
même, mais ce qui fait justement la royauté de la
fève, c'est le travail. La fève, c'est le diamant du pauvre, c'est *le Régent* que le travailleur place au manche
de sa cognée, c'est *le Sancy* que la ménagère attache à

son bonnet de fête ; la fève, ce n'est pas comme le diamant des couronnes royales, un hasard, un héritage,
une révolution, la trouvaille de quelque soldat ivre
dans la tente de *Charles le Téméraire*, ou le résultat
d'une longue suite de prospérités heureuses ; la fève a
besoin pour grandir, de la sueur humaine, elle pousse
dans les champs difficiles, il lui faut toutes les bénédic-
tions du ciel, ni trop de froid, ni trop de chaud, il
lui faut surtout le soleil du matin, le clair soleil et les
prières du saint dimanche ! Si donc tu veux être le roi
de la fève, enfant que j'aime, sers Dieu et sois brave,
et marche dans le monde, d'un pas ferme et résolu.

A ces mots notre enfant prenait déjà son joujou de
lanterne magique et se disposait à partir, mais la fée ou
la dame (c'était une dame), cette fée de charité, attentive et prévoyante : — « Attends, dit-elle, ta lanterne est en effet en bien mauvais état ; les hommes
d'aujourd'hui sont égoïstes, ils veulent beaucoup, pour
peu d'argent ; il leur faut des bals pour les pauvres, des
concerts pour les pauvres, des épaules et des bras nus
pour les pauvres, des mouchoirs brodés et des bracelets d'or pour les pauvres, des billets doux pour les
pauvres, des adultères faciles et des salons flamboyants
pour les pauvres.... Eh ! que feront-ils de *ton monsieur
le Soleil et de ta madame la Lune?*

« C'est tout au plus si ton soleil plairait à mademoiselle Jeannette, si ta lune amuserait mademoiselle Louison. »

IV.

Au même instant la dame.... J'oubliais de vous dire qu'elle portait, au côté gauche, une châtelaine qui était une vraie folie, un bijou éblouissant. Le bijoutier Marrel, ce Marrel qui n'est pas même le fournisseur du prince de Monaco, cet artiste-ciseleur qui travaille l'or comme Duret travaille le marbre, avait prodigué son invention, son caprice, sa grâce, son dessin sur ce bijou.

C'était un vrai bijou de reine ou de danseuse, digne d'être posé sur cet argent rehaussé d'or, que cisèle en ce moment Froment-Meurice pour madame la duchesse de Lucques, chef-d'œuvre exquis, d'une grâce exquise; miroir royal tout à fait digne de refléter tant de grâce, tant de jeunesse, — en un mot, un bijou si riche que les princes n'en donnent plus guère qu'aux dentistes, aux danseuses ou aux maîtres de ballets.

Cette chaîne, je renonce à la décrire, était à huit ou dix branches, entremêlées de plaques de malachite, laquelle malachite était entourée de perles, pendant qu'au beau milieu de la plaque principale, brillait un diamant gros comme ceux que porte cette jolie petite Judith, quand elle joue le rôle d'Isabelle ou tout autre rôle d'essai au Théâtre-Français, ébloui de tant de diamants qu'il n'a pas semés, et qu'il a recueillis.

Tout à l'extrémité de cette chaîne armoriée — je n'aime pas les armoiries, cela sent un peu trop la duchesse de la rue Neuve-de-Bréda, ou la princesse de la rue du Helder, — se balançaient d'autres chaînons, en chatons de diamants, d'une forme ancienne, et au bout de ces anneaux s'arrêtaient des breloques, mais des breloques !

Il n'y a guère plus de six mois, trois jours et quelques secondes, à l'heure où l'on voulait ramener la mode des négrillons et des carlins, en un mot, il y a très-peu de temps, si nous songions à l'éternité, mais il faut compter un siècle, si nous songeons à la mode, que ces breloques — jeune homme à qui je parle, et qui en es encore à griffonner ton : *épître à la maîtresse que j'aurai*, oui, si tu avais eu, en ta puissance, une seule de ces breloques des miracles, la plus petite, la moins brillante, la moins grotesque, va, crois-moi, crois-en mon expérience et ma sagesse surhumaines, tu n'en serais pas à écrire, si gauchement, à ton Iris en l'air...

C'est toi-même, à toi qui n'as pas quitté tout à fait la livrée du lycéen (je vois tes bas de coton bleu, malgré tes souliers-bottes, je les vois, mais il ne faut pas rougir d'un bas bleu, quand on est un homme; où est le printemps, le temps où je me promenais carrément, avec mes deux bas bleus — sans bottes-souliers — qui faisaient pâlir, de rage et d'indignation, toutes les muses que je rencontrais sur mon chemin?).

Ceci soit dit, pour que tu n'en doutes pas, et que tu saches, à quelle futilité, à quel fil d'archal, tiennent les plus charmantes amours — les amours de dix-huit ans — si tu avais possédé, de bric ou de broc, quelque peu de ce bric-à-brac de breloques : ce petit cachet aux armes de la Pompadour, cette main d'ivoire sculptée à Venise, ce petit miroir dans une améthyste, cette tête de Méduse, ornée de deux perles à chaque oreille, cette bague qui représente la tête de la déesse Flora, si fêtée des païens, ce petit fusil d'argent, cette petite lancette de fer, ce canon, ces ciseaux qui coupent l'amitié, cette flèche, longue comme le dard du cousin, ce sifflet à évoquer les trois Grâces peu vêtues qui jouent au tableau vivant, dans cette ode d'Horace, au clair de la lune d'avril naissant.

Si seulement, on avait pu se douter, dans les petits hôtels du quartier de Notre-Dame-de-Lorette, ce grand boudoir changé en église (heureux qui a fait ses prières sur le prie-Dieu de Fanny Elssler, prie-Dieu recouvert d'un morceau de cette robe d'un bleu d'azur qui devenait un vrai tison ardent, quand la brillante chrétienne se tenait sur ses pointes brodées à jour), — enfin donc, si on avait su — au diable les parenthèses, mais la parenthèse est un excellent exercice à l'humble artiste qui veut savoir le dernier mot de son archet.

Que tu pouvais disposer seulement de ce fruit rouge, attaché à cette grappe de corail, seulement de ce morceau de saule pleureur qui aurait pu pousser sur la tombe vide de Sainte-Hélène, oh! oh! ce n'est pas toi qui aurais envoyé tes billets doux par un Mercure, — Auvergnat qui rit dans sa barbe, de ton petit air triomphant ou abattu; ces dames elles-mêmes, ces dames brillantes, ces grossières divinités des soupers fins, ces cruelles en cachemires *pure laine de cachemire*, que n'a pas vérifiés M. Biétry, que M. Cuthbert n'a pas vendus, là, en effet, des cachemires de la vallée...

De Cachemire, tu les aurais vues, toi-même, ces dames vaincues à l'avance, ces Danaés de ton esprit, ces Dalilas de ton imagination, ces Hélènes de ta pensée, ces *Europes* de tes rêves, envoyer à ta propre porte (gare à ta maman!) leur propre laquais (quelquefois monsieur leur père ou monsieur leur frère, en grande livrée), avec un billet sur papier très-fin et d'une grosse écriture : « *Venaitz ce soirt, mon angeux, j'ai l'ami graine!* » Graine de niais, graine de niaises, graine féconde et qui pousse surtout dans les héritages nouveaux, dans les fortunes anciennes, dans les gras herbages des parvenus, dans le cerveau creux des oisifs; semez cette graine et vous recueillerez la misère, la honte, la ruine, la mort — mais malheureusement pour toi, jeune homme, la mode des *châtelaines* est passée, et avant qu'elle ne revienne tu n'auras plus besoin de l'Auvergnat du coin, tu n'auras plus ton innocence, tes souliers-bottes et tes bas bleus.

Pourtant, le plus beau morceau, le plus curieux, le plus rare de cette châtelaine splendide, c'était, qui l'eût pensé? un petit flacon de verre bleuâtre et d'une forme antique. Rien ne ressemble moins, que ce verre grossier, au petit flacon d'une petite-maîtresse à petites vapeurs.

C'était un verre massif, opaque, — et n'eût été la chaîne qui portait ce bijou, une dame de comptoir, une dame qui vend des cigares *choisis*, une dame qui vend des petits pâtés dans les passages, une dame qui court le cachet, sa grammaire sous le bras et un cervelas dans son cabas, pour rien au monde, même une dame de café-*restaurant*, qui fait des additions la nuit et le jour — qui sait ce que tout homme peut manger et doit manger, une de ces femmes sans préjugés, qui voient de près l'humanité dans ce qu'elle a de plus brutal, n'eût pas consenti à se servir de ce flacon, pour y mettre l'eau de menthe avariée, dont l'âcre saveur parfume l'eau tiède des mangeurs qui mangent pour vivre, tout au plus, tout au plus.

A côté de ce flacon si peu rare, et au même anneau ciselé, était suspendu un petit télescope qu'on eût pris pour un microscope-Raspail, avec quoi vous pouvez étudier la vie, les habitudes, les plaisirs de l'acarus, ce petit ver qui n'a pas respecté le capitaine Bonaparte, un jour que le jeune capitaine faisait son premier coup de feu à Toulon. — La fée ou la dame....

J'ai bien dit : *la fée*, car une dame, supposez-la même une reine, ne touche pas à sa châtelaine volontiers — la fée détacha, de sa chaîne flottante, le flacon bleu et le télescope d'or. « Enfant, dit-elle au petit André, voilà qui vaudra mieux que ta lanterne en fer-blanc, mais écoute-moi bien : à ce petit verre grossissant il faut une flamme, cette flamme, j'ai là, dans ce flacon, une huile précieuse dont je vais te donner une goutte, mais cette huile sans prix, une seule personne la peut enflammer. Va, sois fort, sois hardi, cherche la femme qui peut t'aider; tu la trouveras dans la rue du Bac, et sur la rive fleurie du beau fleuve qui la traverse. »

Donc, salut à toi, onde pure aux flots magiques, vaste comme le Rhin, bondissante comme le Rhône, limpide comme toi, fertile Moselle! salut! salut à toi ruisseau fameux que les poëtes adorent à genoux, car pour les poëtes sincères, tu vaux tous les fleuves du monde, rive fortunée que pleurait madame de Staël-Holstein en son exil! — « Le ruisseau de la rue du Bac, disait-elle! ô le ruisseau de la rue du Bac! » et elle se tordait les mains de désespoir.

Notez bien, quand elle pleurait ainsi, madame de Staël habitait le bord du lac de Genève, ce lac des enchantements, des rêves et de Jean-Jacques, mais elle détestait Genève, cette ville pédante et froide, maussade et mal hantée, roide et guindée comme la comtesse d'Escarbagnas, madame d'Escarbagnas qui serait devenue puritaine. Et puis, cette Corinne inspirée, qui voyait tout l'avenir dans le présent, prévoyait sans doute que Genève servirait, quelque jour, de trône et de drapeau à M. Fazy. — Toujours est-il qu'elle haïssait Genève comme si l'humble république eût obéi encore à messire Isaac Cornouand, et elle te pleurait, tant

qu'elle pouvait pleurer, aimable ruisseau, onde fatidique, fleuve jaseur, rive fortunée de la rue du Bac.

La fée n'en dit pas si long à l'enfant, elle avait plus
d'esprit que moi qui vous parle, ce qui ne prouve pas
que ce fût une fée. De son côté, le petit André, sans
demander son reste, salua la dame, puis il tendit sa joue
à Louison et à Jeanneton, son front à Pierre, non pas
sans donner un petit coup d'œil à madame Victoire, et
franchissant la porte qui s'ouvrit toute seule (comme
cela se fait régulièrement au Théâtre-Français, dans les
moments les plus pathétiques, et quand il faut absolument, pour bien faire, que l'héroïne soit seule, positi-
vement seule avec le héros), il se mit à descendre l'escalier quatre à quatre — quatre à quatre est une fiction
appliquée à l'homme qui descend, bien que ce soit une
des plus tristes opérations de la machine humaine : *descendre*, les enfants eux-mêmes y regardent à deux fois.

La fée suivit l'enfant, d'abord pour s'en aller, et
ensuite pour donner au petit André d'autres renseigne-
ments — vous saurez peut-être les découvrir dans la
suite de ce récit que joue mon violon, avec des pleurs,
avec des joies, avec des fêtes.... mais il faut en avoir
essayé pour savoir que ce n'est pas facile. — J'oubliais
de vous dire que la dame laissa son flacon sur l'escabeau qu'elle venait de quitter. — A dessein? — Je
crois que c'était à dessein.

Ici j'aurais besoin, mais là, grand besoin d'être, pour
une heure ou deux un poëte en vers, quand je devrais
être de la force de M. Siméon Pécontal. Quelle chose
étrange, savez-vous! que parfois je vienne à bout de
plier, à ma fantaisie, cette *gueuse* de prose (métallur-
giquement parlant, comme on parle dans la prose et
dans les belles forges de mon ami Marsat d'Angou-
lême, près de Ruffec, auteur d'un livre sur les *canons*,

qui a fait tant de bruit dans le monde), que je la rende ductile et malléable, cette masse brûlante, que je la sente frémir, incandescente, sous la plume de fer qui me sert de marteau et de laminoir…. et puis, si je veux, par hasard, scander ma pensée en douze syllabes bien rimées (je me contenterais du vers de dix syllabes, comme M. de Musset), si je veux mettre un peu d'ordre et quelques sons réguliers dans cette parole bien pétrie, avec beaucoup de levain, mais sans fiel….

C'est impossible ! Malheur à l'écuyer malhabile, qui ne peut pas atteler, à son chariot, une vingtaine de ces grands coursiers qui frappent la terre au galop de leurs rimes croisées, et vous comprenez mon chagrin quand je vois, de loin, tous ces poëtes, jeunes et vieux, rire à la barbe de ma vile prose, derrière le retranchement de leurs *soupirs* poétiques, *méditations* poétiques, *rêves, sursauts, bouderies, espérances*, et surtout : *déceptions* également *poétiques* qui me font : *comme ça*…. la niche du gamin. A ces causes je suis la dérision de tous les joueurs de lyre qui se rencontrent en mon chemin.

A peine ai-je entrepris de poser, sur ses pieds, un de ces contes qui nous font oublier le conte de la vie, Jacques Chaudes-Aigues, le critique solennel et railleur (il est bien fier d'un petit volume de vers *introuvables !*) me raille et se moque de moi, en vers qu'il improvise — au pied levé — et qu'il jette çà et là, avec aussi peu de sans gêne que M. de Rothschild donnant un Philippe d'or à un pauvre, en hiver, quand il ne faut pas se déganter ! Oui ! oui ! dès que je veux devenir un poëte, ils se moquent de moi les uns et les autres ; Vermot entonne une satire, Desessarts commence une épître, Lucas se récite un dithyrambe, ramassé au bas de quelque balcon espagnol, Asseline bondit de joie, Meurice écarquille ses petits yeux, de Fienne étonné

veut savoir comment je m'appelle'? le comte de Pont-
martin hoche la tête, en signe d'une sympathie affligée ;
le maître Pelletan prend ses foudres et cherche le cœur
de mon poëme pour n'en pas laisser même la cendre ;
Planche, le bon Planche.... qui parle le latin de Virgile, le Planche gai et bienveillant.... le savant professeur émérite de l'université me pinçant l'oreille — *asi-
nus ad lyram?* Vaulabelle, me voyant poëte, fait le
signe de la croix et se voile le visage ; quant au jeune
diable Old Nick, ce bel esprit, si railleur, je le vois
passer là-bas et je me sauve. — Ah ! maître diable,
vous n'avez pas compté cette misère-là parmi vos
chères *petites Misères :* ne pas savoir écrire en vers !

Grand malheur, je l'avoue, de trouver en révolte
cette armée de mots, fils des œuvres de nos poëtes et
qui ne demandent qu'à obéir ; je peux dire aussi que ce
soulèvement des esclaves rimés, dont le vers alexandrin
est le Spartacus, me profite encore plus que leur com-
plaisance. L'été passé, quand j'ai voulu écrire (et nous
étions deux pour cette belle œuvre) une cantate pour
Berlioz, les beaux-esprits de Lille (en Flandre) se
sont-ils assez moqués de moi parce que nous appelions
les ouvriers du chemin de fer : *soldats de la paix !* ce
qui n'a pas empêché Berlioz d'écrire une très-belle
musique, et les jeunes Lillois de la bien chanter.

Mais jamais, non, même au bon temps où je n'écri-
vais ni en prose, ni en vers, alors que je tentais la fortune glissante des concours, plus ou moins poétiques,
dans les académies de province, aux jeux floraux, pour
le lis d'argent de la belle Isaure, ou bien quand j'as-
sistais, témoin muet, enthousiaste et envieux, au
vingtième triomphe poétique de M. Bignan, qui a tra-
duit l'Iliade en vers, pour faire le pendant de M. Ba-
reste, célèbre par les images de son *Iliade* en prose.

Non! dans mes jours printaniers et vaporeux, quand je faisais la cour à quelque belle dame de province qui me proposait des bouts-rimés : *astre* et *cadastre*, par exemple, et lorsqu'il s'agissait d'arriver au cœur de la dame, en passant par cet *astre*, enfermé dans un *cadastre*, dans cette *tour* que dévore le *vautour*, dans ce *orgueil* que surmonte ce *fauteuil*, non! quand M. Lafitte, en pleine Restauration, a donné un prix aux plus beaux vers qui célébraient le voyage du général Lafayette en Amérique, quand Byron est mort, quand Walter Scott a passé par Paris, et même quand ce malheureux Pritchard s'est exposé, tout vif, aux satires de nos Juvénals en plein vent, non, je n'ai jamais tant désiré de savoir écrire en vers qu'aujourd'hui.... à cette heure, en ce moment.

En ce moment solennel, éclatant, plein de couleur et plein d'images, par cette belle nuit, cette glorieuse nuit de janvier, rayonnante d'étoiles sous les astres du ciel radieux, je vois descendre les séraphins, je vois monter les *Dominations* et les *Trônes*, j'entends chanter l'*hosanna in excelsis* de l'Epiphanie ; Epiphanie, ce mot qui est écrit, dans le ciel, en caractères de diamants gros comme la tête de M. Berger, renversé par M. Halphen.

A cette heure d'indulgence plénière — pour tous les hommes honnêtes, et même pour quelques scélérats de bonne volonté, en dépit des protestations de Palmerston et des sophismes de la bonne vieille gazette d'Augsbourg, la paix, la paix royale étend son voile (un peu troué) de la terre aux planètes ; —que dis-je aux planètes? la paix s'élève, s'étend et monte à toutes les sphères — par cette douce obscurité, remplie de cette calme lumière que lui prête la lune, amie du silence sacré, par ces mêlées heureuses des anges confondus avec les hommes, grâce à la fraternité humaine et divine dont le gâteau des Rois est l'emblème, gâteau arrosé d'hydromel, de bière, de cidre ou de vin. Mais croyez-moi, arrosez-le de vin de Champagne de Moët et compagnie, ce Moët dont l'oraison funèbre s'est prononcée, à table, au bruit des bouchons reconnaissants, au pétillement enivrant de la mousse d'Aï.

En ce moment, André, abandonné à lui-même, descend dans les rues de Paris, armé de ce talisman incomplet auquel rien ne manquerait si la lanterne était allumée. Je vous en prie ne me demandez pas pourquoi cette fantaisie, ou cette impuissance de la fée? d'abord je n'en sais rien, et ensuite je saurais ce pourquoi-là? que je ne vous le dirais pas. — *Parce que*, voilà une bonne raison, et je m'y tiens.

On peut d'ailleurs reconnaître, et sans en être trop humilié, pour peu qu'on ait l'esprit bien fait, qu'il existe, de par le monde des intelligences, des intelligences plus élevées, celle-ci que celle-là; la chose se rencontre même à l'Académie française; ces dignes enfants de la Pitié Bois-Robert ont beau dire, ils ont beau faire, ils ont beau s'humilier augustement dans leurs discours d'ouverture, ils ne nous feront jamais croire à l'égalité des habits brodés de vert, et que M. Scribe soit absolument l'égal de M. Ancelot.

C'est ainsi que M. Baour-Lormian n'est pas l'égal de M. de Lamartine, et que M. de Rémusat ne saurait se comparer, de bonne foi, à l'auteur de l'*Histoire de France en jeux de cartes*; la chose se prouve, à l'Académie, tout comme dans mon conte; tel, est bon à faire couper, qui ne coupe pas par lui-même; tel, est le geste qui n'est pas la voix; tel est l'enclume et n'est pas le marteau, tel autre est la boutonnière et n'est pas la décoration; celui-ci tient la lampe, celui-là peut verser l'huile, le troisième a le feu, et si parfois vous avez la lampe, l'huile et le feu.... il arrive que l'huissier Pingart, relevant ses manchettes-Montyon, prononce souverainement : *il n'y a pas mèche!* à quoi tient l'obscurité, souvent...... à quelques fils de coton!

André, académicien en herbe, dont son père était la racine, avait la lampe, il avait l'huile, il avait la mèche, il avait tout, moins le feu, et sa lampe mystérieuse ne pouvait s'allumer que sur les bords du lac de la rue du Bac; la fée le lui avait dit, il avait foi en la fée, parce qu'elle était belle et bonne, et parce que ces beaux visages, véritables tableaux de Van Dyck descendus de leurs cadres d'or, n'ont jamais connu le mensonge. Le mensonge est bon, tout au plus, pour celui qui a peur, pour celui qui a honte, pour celui qui est petit, qui est esclave et qui dépend, de près ou de loin, de ce terrible tocsin redouté des hommes d'État, tocsin qui doit réveiller les vivants et les morts avant la fin du monde, cette trompette de cuivre que l'Empereur avait doublée d'airain — *le Moniteur universel.*

Je n'ignore pas que la prose est un habit qui va assez mal aux choses poétiques, et je ne sais comment me présenter à vous, jeunes coloristes de l'école de maître Théodore de Banville, brillants rapins en casquette orange et en pantalon couleur feu ; ou tout au moins si vous me prêtiez votre flûte champêtre, madame Desbordes Valmore; accompagnez ma prose loyale, de votre luth mélodieux, ô vous, madame Tastu; et vous encore, si vous vouliez m'accorder seulement quelques accords de votre galoubet du midi, vous la muse aux tresses blondes qui avez chanté le *Musée de Versailles*, lauréat couronnée par l'Académie française qui fit cette infidélité à M. Bignan, et qui la fit sans remords (c'est si amusant d'être quarante fois infidèle, à cet âge!) Vous tous que j'invoque, enfants de la Lyre, enfants des deux sexes, je ne vous demande qu'un prélude sur la clef de sol, quelques accords parfaits sur vos harpes éoliennes ! — Moins encore, donnez-moi le LA de votre violon d'Amati, et je tâcherai de me tirer d'affaire avec ma quatorzième muse — Vain espoir ! vaine prière !....

La poésie ne vient pas, et pendant que j'invoque l'alexandrin, voici que la prose boudeuse me plante là, indignée, au milieu de ma chanson, et je me trouve assis par terre, entre deux selles, à peu près comme l'art dramatique entre les deux théâtres français.

Essayons cependant de vous dire cette fête, qui ne se reproduit, à Paris, que tous les vingt ans. La dernière nuit, de ce peu de jours qui séparent la *Nativité*, de l'*Épiphanie* (c'est la fée qui m'a dit cela), il arrive que, par la permission des puissances célestes, tous nos morts glorieux, cet enchaînement de grands hommes, vaine poussière que balance incessamment le vent qui souffle dans les jardins funèbres, se réveillent et sortent de leurs tombeaux, pour te revoir, ne fût-ce qu'une heure, grande cité des miracles, des héroïsmes guerriers, du courage civil....

Paris, l'Athènes agrandie, le Portique complété par le Lycée aux éloquents ombrages, la place publique de l'Europe, la tribune de l'Univers ! Paris qu'il faut aimer avec reconnaissance, cité sainte qu'il faut adorer, l'étoile polaire de tout ce qui est grand, généreux, poétique ! Paris où s'enfantent, jour par jour, heure par heure, les idées qui perdent et qui sauvent; les espérances et les désespoirs de l'humanité, où vit, vampire vivant, l'âme des générations à venir !

Quiconque, homme ou dieu, l'a vue une fois, notre cité bénie de dieu et des hommes, la veut revoir, celui-là fût-il assis au paradis à la droite du Seigneur, et ceux qui ne l'ont pas vue, de leurs yeux mortels, mais qui l'ont reconnue, de loin, dans leurs neiges, ou dans leurs sables, à ses bondissements, à ses transports, à ses délires, aux éclats de sa voix puissante, à ses étreintes paternelles, aussi bien qu'à l'éclat de son blanc panache ou de sa flamme tricolore, ceux-là aussi veulent la voir, et ils consentent à sortir de leurs tombeaux et à franchir, légers comme la pensée et la reconnaissance, les océans et les montagnes. Dans cette capitale des mondes créés, se sont donné rendez-vous les ruines mêmes de l'histoire — les reliques des peuples dont on sait à peine le nom; les palais et les dynasties enfouis sous terre, les temples des dieux vaincus par Jupiter, ne dorment en paix que dans nos musées, à l'ombre des sphinx.]

Hier encore, M. Botta — digne fils du dernier historien de l'Italie, nous ramène une ville entière, arrachée aux génies de l'Orient; que dis-je? il n'est pas jusqu'à M. Lottin de Laval (logé rue de Laval), qui n'ait retrouvé, en se promenant la canne à la main, un petit fragment de Babylone ou de Ninive; c'est la mode de rapporter, dans un coin de son sac de voyage, un échantillon de ces villes perdues, à la grande inquiétude de l'octroi municipal qui ne sait pas encore quel impôt doit payer le fragment d'un empire? — Rassurez-vous, citoyens, c'était la seule chose qui eût été oubliée dans le catalogue de l'octroi, et j'en jure par Hermès trismégiste! cet oubli sera bientôt réparé, même avant que messieurs du gouvernement n'aient trouvé le moyen de gâter le sel et le vin, dans une mesure si convenable, que ce sel mélangé et ce vin gâté ne puissent plus servir à personne — tout au plus aux vaches et aux moutons!

Paris doit beaucoup aux vivants, plus aux morts; il est donc juste que les morts, que nos pères, ces bour-

geois de génie, ne soient pas exilés, sans retour, par
cette chose menteuse qu'on appelle la mort, aussi menteuse que la vie; d'autant plus que les trépassés qui
profitent de cette nuit de triomphes, laissent à leurs hé-
ritiers directs ou indirects, leurs terres, leurs maisons,
leurs biens meubles et immeubles; ils ne demandent
rien, non pas même un souvenir; ils veulent seulement
se promener çà et là, et respirer cet air de liberté, d'esprit, d'ironie, d'amour, de science et de bon sens.

Allons, soyons tolérants, et si nos aïeux ne veulent que cela, s'ils prennent l'engagement de ne pas
se montrer, et de ne pas se faire entendre, et encore
à cette condition expresse qu'il ne sera plus question
de ces grands sylphes invisibles demain, au point du
jour.... permettons-leur de se promener dans nos rues,
un instant.

Ces bonnes gens, la chaîne d'or par laquelle cet humble globe reste attaché aux mondes voisins du soleil,
ces génies, ces vertus, ces grandeurs, ces épées, ces
sceptres, ces lyres, ces couronnes, et toutes les grandes
vanités de l'honneur : le Saint-Esprit, la Jarretière....
la Toison d'or, ces menaces, ces sourires, ces manteaux d'hermine, ces toges rouges, ces cuirasses et ces
casques luisant au soleil, ces fleurs de lis, ces trois
couleurs flottantes, ce coq gaulois qui a gardé la serre
de l'aigle; l'oriflamme, le canon, le rempart, la crosse
de l'évêque, la croix pastorale, l'anneau de saint Pierre,
la mitre, le rochet, la toge, les mortiers parlementaires
qu'on prendrait pour des tiares; ces fleurs qui ont
aimé, ces perles qui ont souri, ces rubans qui ont vécu
sur un cœur qui bat et qui soupire, ce tohu-bohu étin-
celant des renommées et des grâces brillantes, ces voix,
ces cris, ces gémissements, ces lumières, ces connais-
sances, ces grâces, cette paix, cette agitation, ce néant....

Ces mères qui ont enfanté notre monde français et chrétien, ces voix politiques, ces citoyens, héros du drame d'autrefois, cette comédie qui rit en pleurant, cette tragédie immense, éternelle, aux cent actes divers, ces rêveries, ces fables, ces fantaisies, ces feux d'artifice sur les remparts, ces torches dans les villes qui tremblent, ces puissances venues de Dieu et qui y sont retournées, pour prendre leur part dans le concert éternel; — nos pères enfin, nos vieux pères morts et ressuscités, eh bien ! telle est leur piété paternelle, telle est leur bienfaisance infinie, divine, que, pour ne pas gêner des enfants oublieux, ils choisissent, hôtes d'instant sur cette terre qu'ils ont dégagée de son limon, qu'ils ont arrosée de leur sang, de leur sueur, juste le moment où la ville entière se rue en fêtes, en festins, en bombances, en chansons—ils choisissent le jour…. ou plutôt la nuit, l'éclatante et friande nuit des Rois.

En effet, pendant que les pères vivent de la vie errante des âmes en peine, les enfants, qui demain seront des ombres à leur tour, s'abandonnent à toutes les joies, à toutes les fêtes… et pourquoi cette joie, pourquoi cette fête ? Ils n'en savent rien ; ils sont contents, pourvu que se rencontrent, sous leur main satisfaite, tous les biens de cette terre plantureuse ; pourvu qu'ils passent par les transitions habiles du commode au plaisant, du bienséant au délicieux, du superflu au somptueux ? Voyez cela ! la vie présente est fâcheuse, on souhaite le siècle passé qui se plaignait aussi du sien, on dit, tous les ans, qu'on n'a jamais éprouvé une saison si dure et si cruelle, — plaintes faciles aux heureux. De tout, à rien, quel abîme ! De ce pain qui manque, au superflu même des honnêtes gens, quels blasphèmes !

L'homme heureux se met à table, et il se trouve, sans qu'on sache pourquoi, par quel abus, que, pour le simple repas de ce bourgeois, ce festin d'amis, cette fortune du pot, pas un coin du monde n'a été oublié !

A cette table — que tous les arts embellissent de leurs prestiges, chaque ouvrier a envoyé son œuvre et chaque chasseur son coup de fusil ; pas un oiseau de passage, oiseau qui allait s'envoler loin de l'hiver et qui s'est envolé trop tard, et pas un oiseau domestique n'a été épargné : — beaux plumages étincelants des couleurs de l'arc-en-ciel.

Dieu les avait créés pour le plaisir des yeux, pour le cantique de la campagne! Pas un poisson dans le lac glacé, ou au fond de l'Océan soulevé, pas un coquillage accroché à son rocher battu de l'orage, pas un fruit du tropique ou de nos serres, car nous avons l'été à Paris tout l'hiver, pas un seul bouquet de persil ou de romarin (la plante de la mémoire dans Shakspeare), pas une feuille de laurier, — une goutte de lait, — un grain de sel ou d'épices, pas une invention du confiseur, ce dernier-né de l'architecture, qui est, comme on sait, le plus grand des arts — le confiseur l'arrière-cousin des Visconti et des Lesueur (le nouvel académicien) — rien n'a été oublié, dans cette fête de trois heures, la fête des Rois!

Pour l'accomplir dignement, ce mystère de la gourmandise, le soleil de Bordeaux a chauffé, vrai manœuvre, ces *châteaux*, dont le nom sonne à nos *oreilles gourmandes*, un son plus haut et plus net, que pas un des châteaux que la Bretagne perdait, reprenait et perdait, tour à tour, sous son connétable du Guesclin. Pour la gloire de pétiller, un instant, dans ce cristal taillé en Bohême, et coloré par la fougère ardente, le vin de Champagne s'est laissé torturer, empri-

sonner, boucher, forcer; il a supporté la glace et le sel
où il se dépouille encore du peu qui lui restait de force
et de chaleur, alors enfin chacune de ces gouttes pré-
cieuses semble dire aux belles lèvres empourprées et
dédaigneuses — *Ceux qui vont mourir te saluent !....*
le cri des martyrs de Néron.

On boit, on mange, on cause, on se tait : ces beaux
convives savent user, avec une retenue décente, des
paroles, des aliments, des vins, des plaisirs féconds de
la table. Le vin, pour ces frêles cerveaux, n'a que des
fumées délicates et doucement pénétrantes; — leur conversation, cette médisance aux pieds légers, qui vit
d'ironie et de malice innocente, est semblable à la
flamme de l'esprit-de-vin qui se promène, vive et légère,
sur une blanche toison sans jamais la brûler; tout brille,
tout séduit, rien ne blesse; le service actif circule de
convive en convive, l'éclat des lustres ajoute à la grâce
de l'ensemble. L'or, l'argent, l'acier, l'ivoire, les peintures, l'émail, les fleurs, les verres couchés dans l'eau
tiède, ou dans l'eau froide, la nappe d'un seul morceau,
comme la fameuse table de Lucullus, les condiments que
fabrique l'Angleterre dans ses brouillards, la serviette
damassée aux armes du maître de céans.... la livrée
aux aiguillettes reluisantes, je m'y perds, je m'y perds !

Autour de cette table, couverte de ce chef-d'œuvre
périssable, ont pris place les hommes d'État, les seigneurs, les poëtes, les soldats parés, ceux-ci et ceux-là,
de leurs cordons, coquetterie virile dont chacun se passe
la fantaisie non sans consulter quelque peu son miroir;
le cordon rouge du commandeur va si bien à ce visage
blême; le cordon jaune d'Isabelle la Catholique, à ce visage pâle; le cordon noir, à cette tête grave; le cordon de
la rose de Don Pedro reposera doucement ces yeux
limpides; autrefois nous avions le cordon bleu (M. Roy

4

l'avait) ; mais le cordon bleu a disparu avec la monarchie de la branche aînée, je crois cependant que notre ancien grenadier de la garde royale, le roi séant à Turin, a créé un petit cordon bleu, d'un bleu un peu moins tendre que l'ancien bleu, mais encore assez bleu, corbleu! pour satisfaire plus d'un gentilhomme à cravate blanche.

Toujours est-il que la bonté providentielle des souverains de notre Europe a créé des rubans de toutes les couleurs, pour tous les genres de physionomie, comme elle a inventé toutes sortes d'animaux à porter sur toutes sortes de poitrines; l'éléphant gris et le faucon blanc que portait si bien le double traducteur de Goëthe, le Goëthe en prose et le Goëthe en vers, Henri Blaze, fils de Castil-Blaze, l'aimable Provençal, — avant qu'un domestique maladroit ne lui eût volé son faucon blanc.

V.

A ces solennités brillantes, où ce n'est pas assez
d'être débauché comme Épicure, si l'on n'est pas sobre
comme Zénon, à ces festins de Trimalcion, mais de
Trimalcions bien élevés, les femmes parées comme
pour le bal, se sont mises sous les armes; elles savent
que leur empire, à table, est plus durable encore que
sous la valse ardente de Strauss, et elles s'habillent
en conséquence. Quand je dis s'habiller, je parle de ces
épaules nues qui resplendissent autour de la table réjouie, comme autant de corbeilles vivantes, je parle
de ces épaules nues où se reflète le double reflet des re-
liefs massifs et des carafes remplies d'une eau choisie
et claire.... comme cette eau, au pied du saule, où
tombe, en chantant sa complainte, la triste Ophélie,
l'Ophélie de Saint-Germain. — Je parle de ces fleurs
dans les cheveux, de ces perles au sourire, de ces
bracelets, frêle emblème d'un servage sitôt brisé, de
ces cent mille façons d'être jeunes et belles que ces
dames savent si bien attraper et longtemps retenir.

Les voyez-vous, ces charmantes par l'art et le désir
de plaire, qui touchent d'une dent superbe les trésors
étalés devant elles ? — Je les vois, je les reconnais,
je sais leurs noms ! Celle-ci, une grande brune de vingt
ans, faite au tour de la gourmandise, les grands yeux
noirs, la bouche vermeille, la lèvre un peu rebondie
et légèrement ombragée d'un fin duvet ; — celle-là
aux yeux pleins de feu et brillants, le tendre regard,
la douce voix, le propos fin et railleur ! Aimez-vous ce

teint éclatant, ce grand front, ce grand air, cette taille
légère?... regardez cette femme qui tient son verre à
demi-plein et qui cause un peu haut, agitée par le démon
de l'enthousiasme ! — Sans compter l'amour qui bien
souvent se mêle à ces fêtes, car partout où se trouve une
lyre, il y a des cordes.

A cette table généreuse où la santé et la liberté se donnent la main, lieu d'asile où se rencontrent, sans se heur-
ter, les vanités permises, l'homme puissant qui offre à
boire à l'homme d'esprit, le grand nom qui tend la main
au nom d'hier, l'étranger est à côté du Français, chacun
dit son mot, moins l'amoureux et le sot.

Puis à chaque instant une sensation nouvelle, quelque chose qui relève quelque chose, un hors-d'œuvre
et une pièce de résistance, le poivre de Cayenne et
l'entremets, la glace et le feu, tous les vins, tous les
genres d'esprit, tous les sourires gais, fleuris, vermeils !

Bonne fête ! l'ambitieux se calme, le furieux s'apaise,
l'avare même, peu soucieux de joindre la peine à l'opprobre, à l'opprobre la honte, se réjouit, en pensant
qu'il abuse du bien d'autrui ; c'est vraiment quelque
chose de charmant comme un rêve. On se dispute, sans
s'entendre, comme il peut arriver en politique, en littérature et même en théologie (le goût aussi intolérant
que la superstition), mais la dispute se renferme, complaisante, dans les justes limites. Le capitaine oublie son
général, le marin son vaisseau, le curé son évêque,
l'écolier son professeur, et le maître donc ! C'est à peine
si la femme se souvient de son mari, si la maîtresse
songe à l'amant qu'elle attend ce soir, même on a vu
des médecins oublier leurs malades, et chose incroyable !
on a vu des malades en mourir ! Vive la joie ! vivent les
bonnes choses de la création ! vive le grand art illustré
par Carême, encouragé par Louis XV, négligé par l'em-

pereur Napoléon, presque autant que si la casserole, cet outil magnifique du génie humain, n'était qu'une machine à vapeur.

Dis-moi ce que tu manges, je te dirai qui tu es : est un proverbe mis en honneur par Brillat - Savarin, ce porte-toge de savoureuse mémoire, qui eût bien mérité d'être le confrère du fameux parlementaire de Dijon, ce charmant et gourmand président Desbrosses, qui, lui aussi, en fait de gourmandise, était plein de son mérite. J'aime ce proverbe, surtout le jour des Rois, où chacun a la chance d'une royauté viagère, comme en Pologne, il n'y a guère de cela qu'un ou deux siècles. — Tu dînes en roi, roi tu es ! prédiction plus vraie, que la prédiction des sorcières de Macbeth.

Royauté de la table, royauté passagère, morte ce soir, pour renaître demain ; royauté des bons estomacs et des mauvais cœurs ! Elle prépare les faciles sommeils ; elle prépare les rêves amoureux ; elle agite le cerveau doucement excité par la graine généreuse que les chèvres de l'Arabie ont découverte. Lestes chevrettes des montagnes, gazelles chères aux poëtes, ne soyez pas dédaigneuses ; donnez une poignée de pattes à ces êtres grognons, excellents et mal nommés, que je n'ose pas nommer, et *qui se nourrissent de glands*, comme dit l'abbé Delille...., quand ils ne trouvent pas des truffes sur leur chemin.

A l'heure savoureuse où pareille fête est partout, plus ou moins, du haut en bas de chaque maison, chez monsieur le concierge, où rôtit l'oie dorée, et chez le solitaire du cinquième étage, qui flambe à son feu de paille, son hareng saur ; quand c'est presque un malheur, une honte, ce jour-là, et ce jour-là seulement, de ne pas couvrir sa table réjouie de quelque plat de frairie, et de n'avoir pas un parent.... pas un ami, pour lui dire : *touche*

mon verre de ton verre, et tends ton cœur à mon
cœur !

Alors que, dans le gâteau des Rois, coupé en morceaux, toutes les mains et toutes les âmes sont occupées
à chercher, parmi ces débris feuilletés, une apparence de
royauté, la fève qui couronne, la fève qui fait crier : *Le*
roi boit ! la fève qui fait que la voisine embrasse le voisin, si ce n'est pas le voisin qui approche ses lèvres
du coin des lèvres de sa voisine, vous sentez bien que
c'est la bonne heure, pour des revenants bien élevés, et
qui ne veulent déranger personne, de parcourir, à pied,
leur bonne ville de Paris. — Aussi bien ne manquent-
ils jamais de mettre à profit leur feuille de route, nos
grands fantômes, nos vieux sages, nos grands aïeux,
nos grands hommes, nos bons rois.

Dînez, Parisiens, Parisiennes, dînez ; dans vos
gâteaux effeuillés, cherchez, enfants, la royauté d'une
heure ; que le garde municipal soit roi dans sa caserne ;
que la ravaudeuse soit reine dans son tonneau ; que l'é-
colier, la terreur en casquette bleue ou rouge, de l'é-
cole de droit, soit roi, assis sur son digeste ; que l'é-
mule à venir de feu Dupuytren, — roi silencieux et
sombre, — se couronne du tablier de l'hôpital, pendant
que la sœur de charité lui montre la fève du bout de
ses dents agaçantes ; que le monde entier s'abrite sous la
couronne de fleur de farine et de miel ! — Nos grands
morts n'en seront que plus libres dans les rues désertes
de cette capitale des bons vivants, gouvernée par ce
digne roi, le seul roi de Béranger—le roi des châteaux en
Espagne, le roi de Jeanneton et du royaume d'Yvetot.

Donc les rues étaient désertes, et pleines seulement
de fantômes, mais que c'était là une foule brillante
pour ce jeune André qui croyait que tout était renfermé
dans le petit berceau où ses yeux commencèrent à s'ou-

vrir, et qui portait, à la main, cette flamme invisible !

Vous l'avez vue, sans doute, par ce froid calme et fier, ce froid du marbre poli, ce froid des silences éloquents, cette nuit boréale du 31 décembre de feu l'année 1846, à cette minute, à cette seconde décisive où la vieille année n'est déjà plus, où l'année nouvelle n'est pas encore ; vous l'avez vu ce monde nouveau encore enveloppé de son phosphore primitif, comme le Dauphin de France de ces langes bénis que le souverain pontife envoie au fils aîné de nos rois. — Cette nuit étoilée, d'où se précipite en cascades lumineuses la clarté qui agrandit les plaines célestes [1], descendait en mille rayons radieux, — elle n'est pas assez loin de vos regards indifférents pour que vous ayez oublié ce roulement solennel de tous ces globes errants, les uns dont la course était achevée et qui prenaient congé de décembre, les autres, à leurs premiers pas, qui saluaient glorieusement le petit point de janvier, qui apparaissait dans son cortége d'étoiles !

Croyez-moi, ne riez pas, ceci est une figure de l'inspiration, car on a beau ne pas être un poëte, on a beau exercer le métier d'un goguenard qui doute de tout et qui se défend de ses émotions, comme d'un crime, on a beau faire l'esprit fort, ce qui est la façon la plus facile de faire de l'esprit, on a beau cultiver le dédain, cette plante parasite, abominable, qui fuit le soleil du matin, le feu du matin, la rosée du soir, — en vain on repousse l'émotion de son cœur blasé, en vain on essuie furtivement la larme secrète qui monte du cœur pour s'arrêter au coin de la paupière humide, rien n'y fait, rien n'y fait, la beauté divine est la plus forte.

[1] « Largior hic compos æther et lumine vestit Purpureo. »

La beauté, qu'elle soit dans l'art ou dans le ciel, a bientôt brisé tous les mensonges dans lesquels s'enveloppe ce stoïcisme hâbleur, et l'on donnerait son âme, rien que pour prendre terre un instant, dans cet océan des étoiles pacifiques. C'est que Dieu est si grand que, malgré toi, il est des moments où tu redeviens un enfant, bête — stoïque, c'est que le ciel est si beau, et la terre belle à ce point, et la créature aussi, que soudain se fond la glace de ton âme comme il arrive à ces glaciers que l'on disait éternels. Belle et sainte nuit, j'étais damné, si en ce moment solennel j'avais tenté de me noircir le spectacle de l'univers; j'ai été ton fanatique, j'ai sondé les vastes profondeurs de ton azur éternel, j'ai crié de joie à tes félicités immenses, à la joie qui te poussait, heureuse nuit, qui semais le sommeil, qui ramenais l'espérance et qui faisais rentrer les fleuves dans leur lit.

'Cette heure, immense et si claire, que l'on eût dit l'aurore boréale, elle promettait au monde fatigué une année féconde, une année heureuse, les fleurs du printemps, les gerbes jaunissantes de l'été, les fruits de l'automne, la paix, le pain et le bois de l'hiver. C'est quelque chose de très-beau la nuit du mois de juin, c'est quelque chose de très-grand cette nuit de décembre dans laquelle un Dieu nous est né. On marche, on rêve, on prie, on pleure, et le *Te Deum* s'échappe de vos lèvres, en mille accents inaccoutumés de joie, de reconnaissance et d'orgueil.

Par cette clarté que je voudrais chanter en chœur, s'est accompli ce pandémonium glorieux des génies, des hommes, des œuvres, du ciel, de la terre, du bronze et des fleurs, ce chaos rétrospectif que des yeux mortels ne sauraient voir. Aussitôt que ces ténèbres éclairées et ce majestueux silence se sont emparés de la ville', soudain le tombeau laisse passer ses hôtes réveillés, soudain la terre profonde rend son dépôt, les limbes relâchent leurs captifs, le paradis donne congé à ses hôtes couronnés d'auréoles. Cet enchantement, avant-coureur de la résurrection définitive, quand plus rien de vivant ne restera sur ce globe fragile, se produit, comme toutes les grandes choses, si simplement, que l'on dirait que c'est la vie ordinaire qui passe, dans ce qu'elle a de plus désintéressé.

Parmi le peuple des morts, la vie est réelle , c'est-à-dire qu'elle est sérieuse. Le fantôme a les pieds sur la terre, — il a la tête dans le ciel, il est comme le temps, il n'a pas de mesure! Ces enfants de l'éternité, enchaînés à l'ordre de choses universel, sont libres de la liberté de Dieu lui-même, qui n'est pas plus libre que nous ; ils marchent sans crainte, sans hâte, sans terreur, sans espoir, et quand l'heure de cette promenade terrestre est passée, ils rentrent sans bruit dans ce grand tout dont ils sont les atomes. Alors recommence leur vie éternelle, ou si vous aimez mieux, leur vie immuable, car l'immobilité des êtres suspend les heures et les fait éternelles. Vraiment, vraiment, il faut que cette terre que nous calomnions soit bien digne d'amour, pour que même les esprits bienheureux se fassent une si grande fête d'y revenir, à des intervalles réguliers. Voyez-les, et si vous avez la foi, vous les verrez, car la force qui suffit à soulever les montagnes, doit vous suffire à voir glisser des ombres ; voyez-les s'abattre doucement sur la ville, replier leur aile, et glisser d'un pas si doux, que l'on dirait un oiseau qui marche dans nos rues, dans nos carrefours, sur le trottoir balayé par les génies subalternes, chaque mort accourant à la place qu'il a le plus aimée dans sa vie.

Puisque j'invoque les génies de là-haut, il faut que je m'accroche de toutes mes forces, à l'extrémité de la corde qui les tient suspendus dans les airs. Malheur au magicien maladroit qui casse en deux sa baguette, car l'imagination ne suffit pas à créer, sans la logique, ou plutôt l'imagination ne crée rien, elle compare, elle compte, elle amoindrit, elle fait revivre — et voilà ce qui console les esprits que Dieu n'a pas faits inventeurs? Tu n'es pas inventeur, sois habile, tu n'es pas vraisemblable, sois vrai; tu veilles comme un innocent, rêve au moins comme un homme d'esprit; tu as au fond de ton cœur une chose, n'en dis pas une autre et que l'expression te vienne sans peine; tu ne sais pas faire un conte, avoue-le, ou crains de ressembler au curé de Saint-Remy, l'abbé Cossard à Dieppe. — Un jour qu'il était monté aux orgues de son église, son pied frôlant la pédale, l'orgue se mit à gémir. « Tiens! dit le curé, je joue de l'orgue, ça n'est pas si difficile que je croyais! »

Laissez passer mes fantômes, et tâchez de les reconnaître. Le premier que nous reconnaissons dans cette armée, à son panache blanc, à sa barbe grise, c'est Henri IV échappé du Cirque Olympique. Ventre Saint-Gris! Messieurs les censeurs ont biffé, de leur encre sinistre, l'air de *Charmante Gabrielle*, et c'est à peine s'ils ont permis à l'orchestre : *Vive Henri IV*, à la dernière scène du dernier acte de cette trilogie. Malgré les censeurs, on chantera toujours la *Belle Gabrielle*. A peine dans la ville qui valait mieux qu'une messe, Henri le *Grand* s'en va au Pont-Neuf, son ouvrage, tant il est sûr que le bon Henri est à sa place; pendant ce temps, l'empereur Napoléon en petit chapeau et en capote grise (on le prendrait pour feu M. Edmond qui a gagné six cents fois de suite la bataille d'Austerlitz), le grand empereur, semblable à l'aigle qui se promène pour satisfaire sa curiosité, ce dieu resté seul de toute une génération de héros, s'en va au pas de charge, de la place Vendôme à l'arc de triomphe, comme s'il était inquiet de sa gloire; l'aigle a tout vu d'un coup d'œil, et il s'étonne que tout ce qu'il a commencé soit achevé :

Oui, sire, regardez! vos ruines sont relevées; l'armée est au grand complet, les arsenaux sont remplis, le Champ-de-Mars est battu par les revues récentes, le dôme des Invalides attend qu'on le dore à neuf, mais notre collection de drapeaux s'est complétée; sire! même votre désir français, d'une tombe française, votre vœu au lit de mort, il s'est accompli sur les bords de votre fleuve de Seine, et vos mânes consolés ont pu dormir enfin, à côté de Turenne, dans une tombe digne de vous. Sire, dormiez en paix, votre Code civil est en vigueur, votre poète Béranger vous chantera, jusqu'à son dernier souffle, il n'y a guère que votre décret de Moscou, votre fameux décret écrit à la lueur de l'incendie, et quand votre grandeur était chancelante, votre loi de comédiens (elle sentait quelque peu le comédien par sa date, convenez-en), qui a souffert, mais vos comédiens sont à l'abri d'une commission qui aura bientôt enfanté.... une sous-commission, et alors soyez tranquille.....; car la sous-commission durera plus longtemps que votre règne n'a duré.

Pendant que je parle, l'aigle est bien loin et une fois échappé à son glorieux tombeau, personne ne voudrait suivre cet impatient de tout revoir, ce génie qui a tout compris, qui a tout vu, qui a tout souffert, personne ne voudrait marcher, du même pas, que cette âme infatigable, que les débris du monde n'ont pas brisée?—Il va, il vient, il s'arrête, il regarde, il attend, il va frapper à la porte du libraire Paulin, demandant à corriger les épreuves de sa biographie par M. Thiers.

La porte est muette, elle est sourde, parce que M. Thiers est le maître de son histoire, parce que l'Empereur est sans voix. Ah! s'il pouvait jeter un cri, un seul cri, vous verriez l'aigle sortir du bûcher où il s'est consumé, vous entendriez sonner, vous entendriez tinter le bourdon de Notre-Dame; en même temps le coq gaulois bat des ailes, le canon tonne, les chevaux hennissent : *Allons!...*

Ce vaste silence à votre volonté, c'est votre châtiment, ô Majesté, qui nous avez coûté tant de sang et tant de larmes ; — ce vaste silence est la récompense méritée du roi qui veille là-haut, dans votre cabinet des Tuileries, méditant sur l'avenir de sa race, et sur l'avenir de ce peuple confié à ses soins. Autant vous aimiez le bruit et le fracas, les émotions des nations désolées et des trônes agités jusqu'en leurs fondements, autant celui-là, que votre empire n'a pas étonné, est jaloux de savoir l'univers calme, les passions amorties, les vengeances oubliées, les peuples tranquilles, autant il est fier de tenir, dans sa main fermée, le repos des cinquante-deux princes qui gouvernent l'Europe.

Elles dorment en paix, par la grâce du roi Louis-Philippe Ier, ces majestés que notre juillet avait troublées, — ces souverains dont notre roi est le doyen — soixante-dix ans! cinquante ans! quarante ans.... deux seulement n'ont que vingt ans, la reine d'Espagne et le prince de Waldeck. - — Vous étiez fier de votre épée, empereur, notre roi est fier de son sceptre ; vous aimiez à coucher sous la tente, en pleine tempête, il est content de savoir sa royauté abritée, dans ce château royal où l'on n'a guère entendu, vous vivant, que le bruit de vos éperons, et qui n'était, pour vous, qu'une hôtellerie de passage. O grand empereur, je ne veux pas vous affliger en comparant la France comme vous l'avez laissée, à la France qui s'est faite, depuis vous.

Contemplez seulement ceci, empereur-roi, étudiez ces lignes de fer qui viennent aboutir à votre Champ-de-Mars ; — il en vient du Midi et du Nord ; il en vient de la Méditerranée et de l'Océan ; il en vient de Gascogne et de Bretagne ; il en vient de Lyon et de Bruxelles ; il en vient de Londres et de Berlin ; il en vient de Philadelphie et de Copenhague ; il en vient de partout, de tous les coins de la terre, des quatre vents du ciel, et tous ces fils conducteurs de la pensée, de la liberté, du commerce, de la guerre, de la fraternité des peuples, de la fortune des nations, tout cela pour rejoindre Paris, ce grand cercle dont la circonférence est par tout le monde, et qui en est le centre ! Empereur, empereur, qu'auriez-vous dit d'un rêve qui eût mis tout à la fois, à la pointe de votre épée, à l'ordre de votre voix, à la portée de votre esprit, au premier geste de votre main : Austerlitz, Iéna, Marengo, Friedland, vos batailles, vos victoires, votre Italie et votre Espagne, toutes vos misères, tous vos bonheurs?

Mais voilà notre empereur qui veut savoir enfin quelle est cette force qu'il a dédaignée ; son ombre glisse au pied levé, sur le rail-way du Nord, en passant par Valenciennes : laissons-le passer, la petite pointe du jour saura bien l'arrêter et le ramener, docile, dans son cercueil d'argent et de velours, dans sa tombe de marbre et d'airain, ordonnée par les ordonnances sculpturales de M. Cavé : là reposera enfin, jusqu'au jour de la trompette du dernier jugement, le captif de sir Hudson-Lowe ! On annonce les Mémoires de ce sir Hudson, comme si la justification était possible, d'un pareil geôlier, pour un pareil captif !

En ce moment de la nuit des Rois, la résurrection frappe à toutes les tombes, à toutes les ruines. Voûtes obscures, Panthéon silencieux, demeures antiques et sacrées, donnez, pour une heure, quelque répit à vos morts, et laissez-nous faire notre provision de phénomènes! Je ne veux pas faire ici, comme nos modernes inventeurs de quadratures du cercle et du mouvement perpétuel qui inventent, chaque jour, une quantité de machines qui ne servent à rien, je me méfie des choses extraordinaires, pour moi-même, comme pour les autres, et depuis que l'on nous fait des *Mille et une Nuits* à coups de bourse, de télégraphes et de millions, je ne donnerais pas *ça* de la *Lampe merveilleuse*.

A quoi bon les évocations et les incantations magiques quand il est si facile et si simple *de laisser passer, de laisser faire!* et ne trouverez-vous pas toujours assez de mensonges dans la poésie, assez d'harmonie et de sortilége? — Klopstock met-il son génie à la torture pour évoquer les séraphins de son poëme, Milton pour appeler les démons à son aide? Homère lui-même, quand il range ses grenouilles en bataille sur les bords d'une mare, y va avec autant de simplicité et de bonhomie que Napoléon le Grand, quand il préparait son grand poëme de Friedland. Et enfin, à quoi bon tant de peines, hommes ou fantômes, nous avons toujours le ciel au-dessus de nos têtes!

Je dirai donc simplement, ce qui s'est passé simplement, dans cette nuit des apparitions réelles, et si nous ne les avons pas rencontrés, tous, ces hommes ranimés un instant, c'est que nos yeux mortels ne sauraient tout voir.

VI.

Dans cette arène parisienne descendent, un peu à la dérobée, les philosophes du siècle passé, les prophètes du monde renouvelé, les apôtres du nouvel évangile; Voltaire, le premier, Diderot ensuite, les autres après : les uns et les autres ils marchent, leur rêverie allant le même chemin, précédés des images errantes de leurs pensées et de leurs écrits. Tout de suite, Voltaire va du côté de *Notre-Dame*, et quand il voit que les hautes tours sont encore debout, il hésite, il s'arrête, il se trouble. — Quoi! rien n'est tombé? — Pas une pierre du monument? Quoi! cette révolution qui a brisé l'autel et égorgé le prêtre, a respecté le temple!... Mieux que le temple encore, la croyance est debout, la main fixée sur l'Évangile éternel. — Voltaire regarde et il admire. Cela était si vieux pourtant, dix-huit siècles! Eh justement! on ne brise pas tant de siècles de croyances. — Plus il approche de ce vaisseau, battu par les tempêtes que le seigneur comte de Ferney avait soulevées de son souffle puissant — et plus le poëte railleur cherche à se reconnaître, et plus il se demande s'il n'est pas le jouet d'un songe? Mais non! c'est bien là la vieille cathédrale de Notre-Dame de Paris! — La cathédrale, réparée, sauvée, et même, au sommet de ces pierres immobiles, quel est ce peuple brillant, amoureux, passionné, terrible, ces revenants, ces images, ces rêves, cet idéal, ces haillons, ces joies, ces haines, ces amours, ces douleurs, qui vont et qui viennent, qui montent et qui descendent, en chantant tour à tour, et tout à la fois des hymnes sacrés, des chansons obscènes, un monde étrange de comédiens incroyables dont ces tours sont le théâtre et qui représentent sérieusement les mystères d'autrefois?

Je me trompe à coup sûr, se dit Voltaire, mais il me semble que je vois un poëme s'agiter sur ces murailles que je pensais avoir renversées sous l'ironie et le sarcasme de ma parole? — Non, non, maître, non, railleur, non, poëte, non, esprit! non, génie, non, serpent, non, étoile! non, fascination que tu étais, non, ange tombé! les yeux de ton esprit ne te trompent pas, car ce vieux monument que tu croyais vermoulu, il est en effet habité par la prière et par la poésie; ton œil vif et perçant, amoureux et malin, cet œil de satyre en belle humeur, qui te servait comme le miroir sert l'alouette imprudente, a parfaitement deviné — qu'en effet notre antique cathédrale est devenue le théâtre du plus merveilleux de tous les drames. Ce feu qui brille, là-haut, sur cette pierre du moyen âge, c'est le regard de Claude Frollo; cette clarté d'étoile naissante, c'est la Esméralda, innocente et amoureuse; ce nuage informe, c'est Quasimodo, Quasimodo chantant au nuage le bel air poétique : *Mon Dieu, j'aime, hors moi-même, tout ici!* — Ces cris, ces larmes, ces joies, ces grincements de dents, ce soupir ensanglanté, c'est tout le livre! Oh! quelle honte pour toi, Voltaire, poëte vaincu! — *le Génie du Christianisme, l'Indifférence en matière de religion, Notre-Dame de Paris!*

Faites mieux, maître, approchez-vous sans crainte, l'église est fermée, l'orgue fait silence, le clocher est endormi, les voûtes calmes semblent affaissées sur elles-mêmes, on dirait le tombeau de quelque Charlemagne qui ne veut pas être réveillé. —Pourtant, si votre oreille est attentive, si vous avez oublié, un instant, les clameurs menaçantes de l'*Encyclopédie*, vous entendrez peu à peu l'écho muet se réveiller, l'écho grandir... une voix sévère, inspirée, touchante remplira soudain ces voûtes sublimes ramenées au ciel!

Que dites-vous de ces éclats, de ces inspirations viriles, de ces luttes, corps à corps, avec le doute, avec la haine, avec l'autorité et l'esprit du passé? Que dites-vous de ce missionnaire intrépide qui remue la foule, plus que ne feraient, à eux tous, réunis dans une salle, vaste comme le Champ-de-Mars, les plus illustres et les plus fêtés parmi les êtres qui représentent la passion dramatique? Que dites-vous d'un sermon qui devient une fête, d'une prière plus assiégée qu'un opéra, d'une menace plus touchante, même que les plus beaux vers de Lamartine? Du haut de ton *Dictionnaire philosophique*, du haut de l'*Essai sur les mœurs*, toi, l'ami de Catherine II, cette mégère dans les habits d'une reine d'opéra comique, toi, l'ami de Frédéric II, ce chat-tigre, toi, le profanateur adorable, adoré — Voltaire, que dis-tu de Lacordaire?.... encore ce n'était pas Lacordaire.... c'était l'écho tonnant de son dernier sermon!

Où va Diderot? Diderot s'est dit, vivant : « il n'y a pas de Dieu, » et Diderot mort, nie encore. Il ne s'inquiète pas de savoir si l'on relève, en ce moment, la flèche de Saint-Denis, relevée deux fois, si l'antique Saint-Germain-l'Auxerrois s'est paré, tout nouvellement des fresques brillantes de Mottez ou d'Amaury-Duval, si l'église de Saint-Eustache, le seul temple chrétien dont on n'ait pas chassé, grâce à l'abbé de Guerry, les nobles enfants de sainte Cécile, retentit encore des bruits puissants du *Requiem héroïque* de Zimmerman... Diderot ne s'inquiète que de ses vraies passions, et tout ardent —, il s'en va —, loin de la rue Taranne où logeait sa femme, chercher mademoiselle Volland au Palais-Royal, dans l'allée de Foy, assise sur le banc accoutumé où elle fait des nœuds, et des grimaces aux passants. D'Alembert, d'un pas inquiet, court rejoindre mademoiselle de Lespinasse, son maître absolu, esclave qu'elle chasse et qu'elle rappelle, amoureux qui porte à ses rivaux les billets doux que leur écrit cette fille aux trois amants, plus réels que les six maîtresses de Dorat.

Où va Mirabeau? car c'est Mirabeau lui-même, je reconnais le lion, à sa crinière, à sa griffe, à sa morsure; Mirabeau admire, en ce moment, le jeu de paume élevé sur l'emplacement du Palais-Bourbon! Il mesure du regard ce monument, dont son éloquence tribunitienne a posé la première pierre. — Il voudrait savoir comment parle M. Dupin, comment parle M. Barrot, comment M. Thiers, cette active pensée, ce vif regard, ce vif esprit, est un si terrible combattant dans la bataille oratoire — surtout il cherche à se rendre compte quel est ce Guizot dont le bruit est venu jusqu'à lui, quel est cet orateur habitué à dompter les tempêtes, ce ferme courage que rien n'étonne, ce front serein dans le tumulte, ce cœur resté ferme dans l'émeute, cette patience qui n'est jamais lassée, cette indignation que rien n'arrête, une fois que l'homme se retourne et répond à l'attaque!

Au souvenir des luttes immenses et des combats de l'éloquence moderne, et, comparant le peu qui s'est fait, au tout qui est à faire, Mirabeau poursuit sa marche en rêvant. — Ah! se dit-il, le beau moment, le vrai moment de l'éloquence, il a brillé pour nous, en 1789, à l'œuvre naissante de nos nouvelles libertés. On écoutait alors l'animal rugissant, *bestiam mugientem*, et la moindre parole, tombée de cette tribune éminente était portée, d'écho en écho, aux confins de l'univers attentif; aujourd'hui, être écouté dix minutes, c'est le rare privilége de quelques hommes! — Il dit et s'éloigne plein de doutes et de tristesses, car il comprend que de son âme, rien ne reste, en ces lieux souverains, et c'est justice; il n'y a que la vraie gloire, la gloire honnête, sainte ambroisie, qui allume dans les grands cœurs une joie éternelle.

Celui-là évanoui, et quand son ombre a fait place aux ombres moins illustres, vous pourriez voir accourir, dans une grande confusion, des ombres de toute espèce; des jeunes gens d'autrefois et des vieillards d'autrefois qui se trouvent avoir le même âge; des femmes, célèbres au siècle passé, par leur nom, par leur esprit, célèbres aujourd'hui pour avoir été le centre de grandes révolutions lestement accomplies; — dans ce tumulte des images ressuscitées, l'évêque pousse le soldat, le capucin frôle la danseuse : voici la Camargo brillante, Sallé, aux pieds légers, au jupon court; voici la célèbre Arnould, — cet asthme qui chantait avec des griffes; elle va, elle court, elle cherche les ruines de l'Opéra, elle les trouve, elle demande des nouvelles de madame Stolz et de sa dernière fureur? Ce qui étonne ces dames d'autrefois..... c'est qu'une d'elles, un jour de première représentation, devant des princes et surtout contre le parterre, ait osé parler et se plaindre.... Ces dames se demandent si le For-l'Evêque est renversé, et à quoi pensent M. le duc d'Aumont ou M. le duc de Richelieu?

Justement le voici qui se dandine dans ce Paris qu'il a peine à reconnaître, lui, l'homme de Versailles et des petits appartements. Faites place à monseigneur le maréchal! Vous le reconnaissez à cette odeur d'ambre qu'il exhale, à sa jambe fine, à sa taille droite, à sa perruque poudrée à frimas jonquille ou tubéreuse, à ce regard insolent, à ce geste dédaigneux, à ces saillies d'un cynisme vif, gai et railleur; Richelieu, cet enfant élevé dans le giron des princesses du sang royal! Elle-même, vieille et soucieuse, et fatiguée d'amuser un vieillard qui avait épuisé toutes les délices de ce monde, madame de Maintenon avait souri à ce jeune homme, ainsi l'aveugle sourit encore aux rayons du soleil printanier qui célèbre la venue du mois de mai. Expert dans les artifices qui façonnent les lèvres qu'on voit murmurer aux oreilles des mauvais rois, ce roi des petits-maîtres avait grandi en même temps que les vices de cette nation, veuve de Louis XIV, et trop heureuse de convoler en secondes noces; il s'était passé, très-naturellement, des vertus les plus nécessaires, et quoiqu'il s'en vantât, il avait mérité l'estime de quelques honnêtes gens.

Il avait guidé ses vices dans tous les sentiers, même dans les sentiers de l'honneur — diplomate, soldat, beau danseur, rare esprit, à qui on prêtait tant d'esprit, à qui on a donné Voltaire pour son fils illégitime; aimé des femmes, redouté des hommes, charmant, cher à la maîtresse royale, flatteur du soldat, le modèle des courtisans, — Louis XV, lui-même, n'a pas eu de portrait plus ressemblant que ce fameux Richelieu, dont il faisait son plus intime ami (triste éloge!)

Ce maréchal de France, qui passait si allégrement, du boudoir à l'armée, de l'armée au boudoir, quand il ne jouait pas le rôle de Verrès dans les provinces conquises, se plaisait à arranger les duels et à gouverner les comédiens; le Théâtre-Français et l'Opéra lui ont causé bien des chagrins, à ce bon maréchal! Les danseuses et les grandes coquettes, lui ont donné plus de soucis que la mort même de cette belle et jeune bourgeoise Michelin, morte parce que M. de Richelieu s'amuse! Rien que Mlle Clairon, portée en triomphe dans sa prison d'une heure, a plus coûté de souci à M. le maréchal, que son usurpation habile de la bataille de Fontenoy, cette gloire que M. le maréchal de Saxe divisait entre ses amis, comme ferait une grande dame généreuse, les perles égrenées d'un collier qui n'ajoute rien à sa parure.

Aussi, à peine échappé des limbes qu'il habite, entouré des seigneurs et des grands esprits d'autrefois, M. le maréchal, plus jaloux de ses domaines dans l'art de plaire, que de Berg-op-Zoom ou de Port-Mahon, apprend, non sans peine, que l'Opéra de Paris est en pleine révolution; madame Stolz a déchiré son mouchoir, et de ce mouchoir déchiré s'est envolée l'aimable paix de ces aimables coulisses! Le maréchal, impatient, veut savoir ce qui a été dit, nul ne peut lui répondre, on lui raconte seulement que l'on a entendu prononcer, dans une parole concise : *La garde meurt et ne se rend pas*, le mot du général Cambronne, mais personne ne peut l'affirmer. — Une ombre qui passe lève les épaules à la vue de ce soldat petit-maître, et cette ombre méprisante s'en va, tout droit du côté du Luxembourg. — Voilà pourtant, se dit Richelieu, un maréchal de France comme moi!...

Non, non, monseigneur, il n'y a pas un seul maréchal de votre espèce, dans toute l'armée de l'Empereur, pas un maréchal d'amidon et de coulisses, pas un goguenard de votre force qui se moque même de sa gloire; pas un cordon rouge qui voulût hanter les mêmes lieux que hantait votre cordon bleu, quand votre Saint-Esprit n'était pas engagé pour arrher la Maupin; pas un capitaine qui voulût s'occuper, comme vous l'avez fait, du gouvernement des coulisses, pour en être à la fois le sultan et le tyran. Mais savez-vous, monseigneur, le nom de ce maréchal de France qui à peine vous a accordé un regard?

Cet homme qui passe d'un air dédaigneux, — ce géant
des batailles, suivons-le en courant, car pour lui, il
marche, de ce grand pas qui mène à l'ennemi et à la victoire. Son front est calme, son sourire est triste,
son regard est fier, il marche au milieu d'un cortége
d'idées lugubres : « Je vois, dit ce héros de l'Iliade,
les corneilles qui me tirent les yeux de la tête, et
qui battent leurs ailes sanglantes ! » — Il s'enfonce
dans ces ténèbres épaisses que domine l'Observatoire,
et lorsqu'il est arrivé à l'humble porte qui ouvre
la muraille de cette guinguette où les étudiants de première année font danser les étudiantes du printemps…
à leur automne, le maréchal se pose debout, à cette
porte vermoulue, et il attend que ses anciens grenadiers obéissent à son commandement dernier !

Les grenadiers qui l'ont tué sont morts ; la royauté
qui l'a condamné est tombée. — Le maréchal attend,
mais en vain, rien ne passe, par cette allée déserte,
cette allée du meurtre, sinon la vieille Chambre des
Pairs, précédée de son duc-chancelier, et en passant,
elle salue jusqu'à terre. Qu'est cela ? dit le vieux soldat.

Il regarde de tous ses yeux, et dans les rangs de cette
pairie viagère, il reconnaît son camarade Viennet. — Je
le croyais de l'Académie, s'écrie le maréchal Ney. — Il
en est aussi, lui répond-on. L'instant d'après, le héros
de la Moscowa voit son fils, et il pardonne à ses meur-
triers. Solennelle tragédie qui se passe sur les hauteurs
du Luxembourg.

Dans cette nuit si remplie et si hâtée, chaque homme
mort rend une visite muette à ses disciples vivants, et
ces morts, mieux élevés que nous, ne se contentent
pas de faire déposer, au prix de trois centimes et demi,
par la maison Bidault et Cie, une carte où leur nom est
gravé à l'avance avec une corne, second mensonge

ajouté à un premier mensonge. Chaque mort s'en va, de sa personne, chez chaque vivant qu'il veut honorer, et qu'il a choisi selon son esprit et selon son cœur. Sédaine, oublieux d'un vieillard presque centenaire qui porte son nom, et qui loge dans un quartier de femmes à la mode (dites-moi pourquoi ce vieillard est logé là?), s'en va frapper à la porte de M. Scribe.

La grande Émilie Contat — d'un pas léger, et ne trouvant plus la belle Célimène à son théâtre, s'en va chez mademoiselle Rose Chéri, et elle s'étonne que cette enfant ingénue de la comédie soit logée aussi haut; quoi! cette aimable jeune fille qui a fait pleurer tout Paris aux douleurs de *Clarisse Harlowe*, quoi! cette belle personne qui représente à ravir la jeune impératrice Catherine; quoi! tant de beauté, de grâce, de jeunesse, tous ces trésors, logés au cinquième étage!

C'est un peu haut, se dit Émilie Contat, et de notre temps on ne logeait si haut que les poëtes.

Elle entre; par sa puissance de fantôme elle pénètre dans la chambre modeste où Rose dort, rêvant à la gloire de son art.... et elle la bénit de loin. Dors, enfant, entre tes blancs rideaux; dors et reçois avec un sourire de bonté, la bénédiction quelque peu profane d'Émilie Contat !

Chaque mort s'en va ainsi à son devoir, à son plaisir : la belle et scélérate chanoinesse de Tencin remercie en courant les deux poëtes qui l'ont épargnée; Lekain-Ninias cherche en vain son ami Talma, on lui dit que Talma s'appelle aujourd'hui Frédéric Lemaître, et que ce Talma du carrefour en est réduit à la plus vile prose, à la plus vulgaire. — Plus d'un artiste, dédaigneux de ceux qui sont venus après lui, passe son chemin, sans rien voir; le grand Vestris, le *diou* de la danse (rien de plus triste, dans ce monde et dans l'autre, que d'être un sot) se croirait déshonoré de s'écrire chez M. Petipa, mais, soyons justes, il était presque décidé à passer chez la Carlotta Grisi qui est à Rome, où les chapeaux rouges sont coiffés de sa gentillesse.

Madame Dugazon, en petit corset, s'en va demander des nouvelles de sa cousine Brohan, l'aînée des Brohan, la sœur de sa fille, et elle s'étonne de trouver cette aimable personne au Vaudeville. — Elleviou, mort de douleur pour une piqûre de journal, et enseveli dans son écharpe tricolore, va dire bonjour à Roger dans son manoir de la rue Rochechouard, et cela le surprend que les colonels de hussards aient disparu de l'Opéra-Comique ! — Saint Vincent de Paul visite les *crèches* établies par M. Marbot : — Sans difficulté, dit-il, voilà une institution qui me plaît, elle est bien nommée : *la crèche*, mais pourquoi demander ces deux sous par jour aux pauvres mères de ces pauvres enfants ?

Si vous trouvez que je divague un peu, la faute en est à cet instrument dont je joue, sans avoir appris à en jouer. Toujours Apollon jette sa flûte par les chemins, toujours l'ignorant Marsyas la ramasse ; instrument rebelle et difficile, il a des sons étranges, tantôt harmonieux et bientôt discordants ; tantôt il éveille une idée, tantôt une harmonie, ou bien... rien ne sonne, et vous perdez votre souffle à vouloir tirer une seule note, de ce silence. « Je donnerais trois ans de ma vie, disait M. de Chauvelin, pour assister le même jour au conseil d'Angleterre et au conseil d'Espagne ; » et moi, faiseur fantastique, je donnerais vingt pots de bière pour obtenir quelques leçons des célèbres flûtistes dans la flûte de la fantaisie.

Voici un homme, ou si vous aimez mieux un dieu sous l'apparence d'un homme, *anthropomorphite*, dit la mythologie ; saluez le chevalier Gluck ; il marche d'un pas régulier, en chantant d'une voix qui pourrait être plus mélodieuse, mais les grands musiciens chantent fort mal :

Ah ! j'attendrai longtemps, la nuit est loin encore [1] !

— Où est, dit Gluck, mon fils Meyerbeer ? Meyerbeer est absent, il a emporté *l'Africaine*, *le Prophète*, *le Camp de Silésie;* Meyerbeer ne veut nous revenir qu'avec Jenny Lind et deux ou trois chanteurs français qui ne soient pas nés en Italie ! — C'est dommage, j'allais dîner chez lui, dit le vieux Gluck. Et le voilà qui se glisse par les hauteurs de Passy, cette montagne que les Delessert, ces rois bienveillants de Passy, vont aplanir, afin que ce village si aimé, soit de niveau avec le jardin des Tuileries — Gluck marche ainsi jusqu'au château de la Muette, dans cette maison royale que Pierre Érard a donnée en apanage à son beau-frère.

Arrivé à cette grille, qui s'est ouverte si souvent pour la reine Marie-Antoinette, à ce parc dans un parc, à ces murailles qui se rappellent tant de splendeurs, dans ces vastes salons, naguère remplis de chefs-d'œuvre, le chantre d'*Orphée* demande l'auteur de *la Vestale ?* l'auteur de *la Vestale* était absent; Gluck laisse sur la liste des visiteurs du *comte de San Andrea* (Spontini pour le français) la première lettre de son nom : G ! et il s'en va écrire : L chez Halevy, le père de *la Juive*, le père des *Mousquetaires* de cette année; — (les mousquetaires, après les débardeurs, c'est la grande mode chez nous), — toujours rasant le sol, Gluck laisse son : U chez *le Postillon de Lonjumeau;* enfin, par un honneur insigne, par une amitié particulière, les deux dernières lettres de son nom, le vieux

[1] Roland.

maître les conserve précieusement pour son disciple bien-aimé, pour cette insolente volonté qui nous a donné récemment *Faust*, le *Faust* de Goëthe—Gluck pose son K.... chez Berlioz.

Passait aussi, mais dans la ville neuve, dans cette nouvelle Athènes, bâtie par mademoiselle Mars, et longeant les jardins du marquis de Fortia (jardins changés en maisons, ombrages disparus pour ne plus revenir!), Vernet, le premier Vernet, le père de Karle, le grand-père de l'historien de *Constantine* et de *la Smala,* une histoire écrite comme elle a été faite, en courant.

Hélas! cette maison de notre peintre, habitée par un grand peintre, son gendre, était habitée par le deuil. — Le deuil remplissait ces murailles chargées de chefs-d'œuvre, le deuil occupait ce modeste atelier, célèbre asile de tant de beaux travaux, le deuil habitait la chambre de cette jeune femme, belle, charmante, bonne, la mère de ces deux enfants qui la pleurent — jeune femme, tout ce qui restait de ces trois générations de gloire et de travail. Le Vernet 1er, le Vernet du paysage et de la tempête, du clair de lune et des clairs matins, parle tout bas à la porte de son petit-fils:

« Je te salue, mon digne enfant, — si jeune à l'âge où tous les homme se reposent! Je te salue, infatigable pinceau d'une merveilleuse adresse, si habile que la nature n'a pas voulu avoir de secret pour toi! Salut à toi, mon cher Horace, et salut à ton gendre, Paul Delaroche! Prenez garde cependant, et prenez soin de votre gloire? Savez-vous à quels prix fabuleux se sont vendus, l'autre jour, à la vente de M. Périer, les dessins d'un nommé Decamps? Vous êtes-vous rendu compte du succès d'un certain boiteux nommé Diaz?

Je les ai vus à l'œuvre, ce Decamps et ce Diaz, des gens qui n'ont jamais été à Rome pour y apprendre l'art de faire de vieux tableaux, et j'admire malgré moi ce coloris, cette vigueur, cette grâce exquise, ce je ne sais quoi ingénieux et hardi, charmant sans effort! Avez-vous vu aussi ce portrait de Laurence, cette duchesse d'Angleterre qui est restée chez nous comme un modèle d'une fière et élégante beauté? Ceci dit, que Dieu vous bénisse, chers enfants de mon nom et de ma race, enfants du vieux Vernet! » — Telle est la douce voix paternelle que les pères glorieux parlent à l'oreille de leurs enfants, quand les enfants ont suivi leurs nobles sentiers.

La voix du passé, c'est la vraie voix, et après celle-là, la voix de l'avenir! Le présent n'a pas le temps de parler, et il passe trop vite pour qu'on ait le temps de l'entendre. On les a aussi rencontrés, dans cette nuit de fête et de relâche, ces demi-dieux de notre première révolution, dont M. de Lamartine a voulu être l'historien et le poëte. Grande histoire qu'il vient d'écrire à la façon d'un philosophe qui serait en même temps un grand orateur. — « J'entreprends de raconter « l'histoire d'un petit nombre d'hommes qui, jetés par « la Providence au centre du plus grand drame des temps « modernes, résument en eux-mêmes toutes les idées, « toutes les passions, toutes les fautes et toutes les vertus « d'une époque, et dont la vie et la politique formant, « pour ainsi dire, le nœud de la révolution française, « sont tranchées du même coup que les destinées de leur « pays. Cette histoire, pleine de sang et de larmes, est « pleine aussi d'enseignement pour les peuples. Jamais « peut-être autant de tragiques événements ne furent « pressés dans un espace de temps aussi court, jamais « non plus cette corrélation mystérieuse qui existe entre « les actes et leur conséquence, ne se déroula avec plus « de rapidité. Jamais les faiblesses n'engendrèrent plus

« vite les fautes, les fautes les crimes, les crimes le châ-
« timent. Cette justice rémunératoire que Dieu a placée
« dans nos actes mêmes, comme une conscience plus
« sainte que la fatalité des anciens, et afin sans doute
« que la peine s'emparât plus tôt des coupables, ne se
« manifesta jamais avec plus d'évidence, jamais la loi
« morale ne s'est rendue à elle-même un plus éclatant té-
« moignage et n'a éclaté d'une façon plus impitoyable. En
« sorte que le simple récit de ces deux années est le plus
« lumineux commentaire de toute une révolution, et que
« le sang répandu à grands flots n'y crie pas seulement
« terreur et pitié, mais leçon et exemple aux hommes...

« L'impartialité de l'histoire n'est pas celle d'un miroir
« qui reflète seulement les objets, c'est celle du juge qui
« voit, qui écoute et qui prononce. Des annales ne sont
« pas de l'histoire ; pour que l'histoire porte ce nom, il lui
« faut une conscience, car elle devient plus tard celle du
« genre humain. Le récit d'un poëte, réfléchi et jugé
« par un sage, voilà l'histoire telle que les anciens l'en-
« tendaient, et telle que je voudrais, moi-même, si Dieu
« daignait guider ma plume, en laisser un fragment à
« mon pays[1] ! »

Vous demandez le reste ! je le crois, mais d'ici encore à deux mois, vous n'aurez que l'invocation de
ce grand livre, *les Girondins* de M. de Lamartine.
Évoqués par cette voix puissante, ils ont traversé
nos rues et nos places publiques, lavées de toutes
souillures, ces héros des Thermopyles de la liberté,
martyrs de la République, qui montent à l'échafaud en
proclamant, comme Socrate, la liberté de l'âme. Vous
serez les bienvenus dans ce livre.... dans ce poëme,

[1] Ceci est le *summum opus aggredior* du nouveau livre de M. de Lamartine.

enfants perdus d'une cause gagnée, Brissot, Duprat,
Fauchet, Fonfrède, Gensonné, Le Hardy, Viger, Ver-
gniaud, vieillards, jeunes gens, ressuscités par notre
poëte, et cette fois ressuscités pour toujours.

Vous comprenez que je ne saurais suffire à décrire
ici tous les héros de cette nuit de fêtes et de prodiges,
parce que, en fin de compte, nul ne peut savoir les
apparitions évoquées par ce toast universel aux rois
d'ici-bas et de là-haut ! Ce cri de : *Vive le roi !* quelle
évocation plus puissante? quelle magie plus irrésistible ?
Des nations sont tombées au cri de : *Vive le roi !* des
peuples se sont élevés au cri de : *Vive le roi !* A ce
cri puissant se rompent les nuages du ciel, les cieux
s'abaissent sur la terre ! — Parmi ces royautés, un
instant ressuscitées, plus d'un roi aura été embarrassé
de trouver même un sujet fidèle à sa royauté; vienne
La Fontaine, il ira saluer Béranger; vienne Racine, il
ira se faire écrire chez M. de Lamartine ! Vienne le
vieux Corneille, où voulez-vous qu'il se présente? On
a dit que l'an passé, à la dernière fève, il avait traversé
l'apothéose de Dubelloy, pour laisser son nom chez
M. Ponsard, mais, le lendemain d'*Agnès de Méranie*,
on a découvert que l'homme qui avait écrit : *Corneille*,
était un faussaire. Ninon de Lenclos, cette adorable petite vieille, enfant du doute, de l'esprit et de l'amour !
elle aurait beau traverser tout le quartier de Notre-
Dame-de-Lorette et toute la rue de la chaussée d'Antin, elle aurait peur de se salir les pieds à ces seuils vé-
naux d'or, de boue et d'argent.

Autour du collége de France, M. Edgar Quinet rô-
dait, âme en peine qui ne sait ni entrer ni sortir !

Tel est le pêle-mêle que notre jeune André eut à
traverser, à la lueur tendre de la lune qui adoucissait
encore ces frêles images, pour se rendre à ce fameux

ruisseau de la rue du Bac. Non-seulement il voyait ces fantômes errants , mais il avait en lui-même le pressentiment que certaines âmes s'arrêtaient près de lui ; à chaque pas qu'il faisait dans cette foule de pensées fugitives, il sentait comme une émanation vivante de cette foule qu'il traversait ; son imagination frappée de ces miracles était remplie de je ne sais quels bruits ultérieurs à la nature : ici le cliquetis ardent des épées ; plus loin l'agitation brûlante de l'éventail ; des casques qui se heurtent et le frôlement des robes de soie, le bruit des éperons et le craquement du soulier neuf : là on chante, ici on pleure , pendant que la farandole républicaine déploie comme un serpent ses mille couleurs ; on déclame, on crie, on hurle : c'est l'enfer ! c'est le ciel !

L'espace était rempli de ces âmes en peine, foule légère qui s'ouvrait, pour le laisser passer, à mesure que l'enfant marchait à son but.

Comptez aussi que, non-seulement les vivants qui ont vécu de la vie réelle, mais encore les êtres enfantés par l'imagination et par le cœur des poëtes , soit que le romancier ait mis au monde cette belle amoureuse, soit que le peintre nous ait montré sur sa toile, ce visage idéal , soit que le musicien ait ajouté ses mélodies aux harmonies errantes sur la terre et dans le ciel, prennent leur part dans cette résurrection de la nuit des Rois.

Ainsi vous pourriez voir, dans cet espace que remplit l'idéal, agir et vivre nos amours poétiques : Manon Lescaut, se penchant au bras de son amant ; Virginie revenue de son naufrage ; René calmé ; Atala sauvée, pendant que la douce Eugénie Grandet jette çà et là les trésors de son âme bienveillante, et que le *Neveu de Rameau*, appuyé sur le bras de Diderot, son compère, promène isolément aux alentours du café Procope, l'esprit et la fierté du cynique déguenillé.

Vous étiez là aussi, dans cette foule brillante des êtres créés par le génie, ô notre chère et poétique Clarisse Harlowe, chaste pensée, chaste trésor, âme grande, cœur généreux, ferme courage, femme pieuse, femme sainte, et cependant la plus tremblante, la plus touchante des jeunes filles. Clarisse! Clarisse Harlowe! âme ressuscitée d'un impérissable chef-d'œuvre, je vous aurais reconnue, dans cette foule des ombres vivantes, jeunesse, modestie, innocence, à votre pâle sourire, à votre résignation, et parfois aux battements précipités de votre cœur. Clarisse! Clarisse Harlowe! pour qui j'ai voulu forcer les portiques anglais, avec une clef française, ai-je été assez longtemps votre amoureux? vous ai-je assez poursuivie de mes empressements et de mes hommages? ai-je assez espionné votre vie innocente? vous ai-je assez poursuivie dans les embûches de votre bandit Lovelace?

Mon dévouement s'y est pris à onze fois différentes pour raconter de nouveau, au monde qui l'oubliait, votre saint martyre, et maintenant que vous voilà rendue au grand jour, maintenant que vous voilà de nouveau adoptée par les âmes pieuses, par les cœurs généreux, permettez, permettez, ombre rêveuse, que je porte à mes lèvres brûlantes le bout de votre manteau de deuil! — Je dis, elle passe, elle se mêle errante, à cette belle Indiana, à cette fière Lélia, à cette douce Valentine, au *Lys de la vallée*, à ces femmes blanches, pensives et tristes que le comte Alfred de Vigny nous a fait adorer dans ces derniers livres qui l'ont conduit à l'Institut.

Nous sommes enfin arrivés à notre rue du Bac, ce n'est pas moi qui vous y mène, c'est mon génie, c'est la voix intérieure, c'est le démon familier d'Hoffmann. — La rue du Bac, je la vois bien, démon qui me pousses ; mais la rue du Bac en 1804, je n'y crois pas. Qui dit *Paris* dit aussi le *changement!* Tout s'est refait, tout s'est agrandi ; des villes entières ont été ajoutées à l'ancienne ville ; les lieux de plaisir sont devenus des cités, le jardin Marbœuf a été dompté par Charpentier l'architecte, le jardin du financier Beaujon ne produit plus que des pierres de taille, le Cours-la-Reine est un bourg, l'allée des Veuves est devenue l'allée des princesses à marier ; aux Champs-Élysées s'élèvent des maisons pareilles à des fables, véritables palais construits par les fées, et pour ces mêmes fées qui ne sont bien nulle part; tout se bâtit, tout est bâti ; pas une lisière de jardin, pas une petite place oubliée, pas un chantier, pas un Vauxhall !

Autour du boudoir de la Madeleine, la Madeleine mieux logée en son repentir, avec plus de luxe, d'or et de peintures qu'elle ne l'était quand elle faisait, en grand, son métier de lorette, ils ont bâti des rues comme on n'en voit guère que dans le panorama de Londres, pour la longueur, et dans les panoramas de Florence pour la force et la hardiesse. — La pierre est devenue la maladie de ce siècle, elle envahit toutes choses; elle dévore l'espace, elle menace le soleil, elle fait obstacle même à la tempête qui vient de l'Océan ! La pierre aplanit les montagnes, elle s'étend dans un cercle de sept lieues autour de Paris embastillé, et tant et tant on en a taillé, brisé, coupé, concassé, que l'on n'en trouve plus un seul petit gravier, non pas même de quoi remplir l'œil de M. Fontaine, si M. Fontaine obtenait enfin la permission de combler les abîmes du Carrousel.

VII.

Quand donc l'île Louviers est menacée, quand l'île des Cygnes est traversée par des rues, quand le jardin de Bercy voit tomber, pièce à pièce, ses vieux ombrages, quand Tivoli, le grand Tivoli, le Tibur prosaïque des fêtes passées, où se sont improvisées tant d'amours, est sillonné de rues, de places, de carrefours, quand le Petit-Montrouge, si voisin de la barrière Saint-Jacques, où se dresse la guillotine, est devenu un lieu de plaisance, quand l'espace compris entre l'Arc de Triomphe et Neuilly, n'est plus que la ville de Paris, quand déjà l'Hippodrome a été bâti, brûlé et rebâti, quand le Cirque Olympique, où galope le cheval de Pradier, cheval monté par Caroline, peu vêtue, est devenu un centre, alors que chaque toise du jardin des Tuileries vaut au moins mille écus, et que tu chercherais en vain, même dans la rue de Courcelles, un terrain de six pieds pour te creuser un tombeau...

Et enfin puisque les chaussées bombées ont fait disparaître le ruisseau de chaque côté de la rue, pardieu, monsieur, vous seriez bien exigeant de vouloir redemander la rue du Bac en 1804, et le ruisseau de la rue du Bac, aux échos d'alentour!

Madame de Staël était aussi fière que vous, moins fière que moi qui vous parle, et qui suis cependant un assez bon humain du côté de l'orgueil; à peine délivrée pour quelques heures de la félicité éternelle, elle redemandait sa rue du Bac et son ruisseau tant aimé.

Sa rue était privée de ses vieux hôtels, le ruisseau avait disparu dans la chaussée, cependant un grain de sable était resté, qui disait à madame de Staël : *Tu n'iras pas plus loin!* La noble dame se tourmentait, indignée et bien malheureuse; le grand poëte se tordait les mains de rage, impatienté d'être arrêtée à cette place, et de ne pas en voir davantage de ce Paris qu'elle a tant aimé, et tant glorifié dans sa vie, qu'elle regrette encore dans sa mort.

Eh quoi! deux cents pas encore, et nous serions en pleine conversation parisienne, et l'on nous recevrait, à deux battants, dans l'hôtel de la place Saint-Georges, ou bien s'ouvrirait, dans le faubourg Saint-Honoré, cette maison princière embellie des mêmes tableaux que naguère Ary Scheffer achevait pour *son ami* le duc d'Orléans; ou encore irions-nous frapper à l'hôtel habité par ce beau portrait de jeune femme, chef-d'œuvre signé du nom de M. Ingres, et cette jeune femme, notre petite-fille, descendue vivante de son cadre, nous dirait : *Soyez la bienvenue, ma mère !* Eh quoi! sans cet obstacle il me serait donné de prendre ma part dans les beaux refuges de la causerie universelle, et de savoir comment parlent tous ces hommes qui mènent le monde; — je pourrais entrer, la tête haute, dans ce palais des Tuileries où j'étais mal à l'aise, quand l'empereur Napoléon, ce bourgeois couronné, nous pliait à ses façons bourgeoises; quoi! je reverrais ma famille comme je l'ai laissée, puissante, honorée, aimée, et je retrouverais dans ce vieux salon, qui a été mon royaume, le souvenir de mes actions et de mes livres !

« Tous ces biens étaient, pour une heure, à ma portée, et voilà que je suis arrêtée par un grain de sable que je ne puis franchir! » Disant ces mots, elle se démenait, elle s'agitait, elle s'indignait, cette Corinne qui a tracé d'un doigt inspiré les nouveaux sentiers suivis par les nouveaux poëtes, ce Christophe Colomb de l'Allemagne rêveuse, ce grand esprit qui a franchi le Rhin français comme Bonaparte a franchi les Alpes, conquérant pacifique, cette Staël qui avait réalisé tant de grandeurs. Que je la plains, que je la plains d'être fixée à cette place, et de ne pas voir de près sa rivale éblouissante et fanatique; sa rivale guerrière, qui s'attaque aux plus forts; sa rivale révolutionnaire, qui accepte toutes les révolutions, tous les blasphèmes; sa rivale, qui tient la plume comme Charlotte Corday tenait le poignard! Lélia! la valeureuse, l'impétueuse, l'intrépide guerrière Lélia !

. La grande Corinne! elle eût voulu voir aussi cette frêle et indomptée païenne, du doux pays de la Grèce ou de la Rome impériale; ce regard qui brûle, ce visage qui est un miroir de toutes les passions, ce sourire qui menace, cette main qui tue, cette voix bien sonnante qui suffit à tous les transports! Quelle vigueur dans ce petit corps! quelle énergie dans cette inspirée de toutes les fièvres de l'enthousiasme, de l'ironie, de la colère, de l'amour! Comme la Corinne eût applaudi aux transports de cette plébéienne, encore toute grouillante du levain fermenté dans la rue; comme elle eût été charmée de cette inspiration qui fait deviner, à cette Rachel, les mystères les plus charmants des vers d'Homère, le sens caché dans la prose de Tacite!

De son côté, en présence de Corinne, de cette Necker qui s'était jouée, enfant, avec la monarchie aux abois, qui avait touché, jeune fille, la crinière du lion de 93, la Rachel des jours d'agonie, eût été fière de porter royalement son manteau royal, de relever la tête sous la couronne des impératrices, de frapper les âmes du sceptre magique qu'elle a conquis dans l'enthousiasme de cette

nation! La parvenue eût arraché l'assentiment de la
grande dame! Vain espoir! ainsi le sort l'a voulu,
Corinne ne verra pas Hermione, Corinne se lamente
sur la rive pavée du ruisseau pavé de la rue du Bac.

Elle tenait, dans sa main droite, ce papier de la
sibylle dont il est parlé dans *l'Énéide*, ce papier, jouet
du vent rapide et chargé des prophéties de l'avenir;
roulée sur elle-même, cette feuille blanche était pour
madame de Staël toute une inspiration, et l'on eût dit
qu'elle portait dans ses flancs cet esprit éloquent, cette
verve inspirée, cet éclat de parole, et même le feu de
ce regard. Tant que roulait, dans les doigts inspirés de
cette belle main, cette feuille frémissante, vous enten-
diez sortir des lèvres pâles de cette femme éloquente,
les plus rares enchantements de la parole; ses grands
yeux étincelaient d'un feu plus vif, son vaste front semblait plus vaste, on eût pris cette femme, tant la
beauté des êtres est en raison de l'énergie de l'âme,
pour la pythonisse antique, sur son trépied inspira-
teur! Si, par malheur, ce sceptre frêle et léger de son
discours échappe aux doigts de la dame, soudain cette
âme et cet esprit qui s'élançaient jusqu'aux étoiles
fixes, s'arrêtent éperdus, incertains, et cette clarté divine n'est plus que ténèbres et confusion.

Dans son désespoir mêlé d'enthousiasme, madame de
Staël ne vit pas venir le petit André, mais le petit André la vit bien, lui, et il la reconnut à sa marche de
déesse sur les mers, à son turban qu'elle portait, moins
orné, mais plus fièrement campé sur son front que
Amélie, princesse de Metternich! dans l'almanach de
Gotha. — La voilà, se dit André, et tout de suite il lui
présenta sa requête : « Madame, un esprit, une fée
comme vous, m'a donné cette lanterne, à condition
que vous mettrez le feu à ma lampe éteinte; juste-

ment voici, dans vos belles mains, un rouleau de papier; madame, aidez-moi! » Puis, la dame ne répondant pas, car elle tenait à cette flèche de papier, comme M. Habeneck tenait à son bâton, le petit André ramassa un brin de laurier, perdu en ce lieu, par un jeune soldat qui revenait d'Afrique, et qui se traînait, cahin-caha, à l'hôpital du Gros-Caillou.

Ce brin de laurier, — il sentait vraiment son laurier cueilli aux endroits difficiles et arrosé d'un noble sang.— La dame le prit, et le tenant dans ses doigts effilés, elle trouva que ce menu bois, coupé sur l'Atlas, lui suffisait à merveille. Alors, avec son papier qu'elle frotta sur sa belle main, une main sans doute immortelle, et qui prit feu (je le crois bien, pardieu! un fragment de l'invocation de Corinne au Capitole chrétien!), elle alluma la lampe fatidique. — Ce fut moins un feu qu'un éclair, moins une flamme terrestre qu'une étoile qui serait tombée du ciel. On crut dans le monde que c'était la planète-Leverrier qui se promenait, triomphante, par les rues, et qui s'en allait pour saluer M. Leverrier....

Mais non, cet enfant André, ô bel âge! ô toute-puissance de l'enfant, qui peut amortir de sa petite main, — l'éclat de l'étoile tombée du ciel! — André, posant sa main sur la flamme, s'en fut par la ville, après avoir salué la dame qui le laissa partir avec une bénédiction mêlée de regrets.... — Et voilà notre bohémien qui se met à chanter la chanson du rossignol (tant de souffle dans une si faible poitrine!) et nous prêtons l'oreille à cette éclatante chanson!

Puisque nous poursuivons, de notre mieux, ces relations insurmontables du temps et du monde, laissons les fantômes, retournons à cette chose que les vivants appellent la vérité, et que les morts regardent comme un mensonge, — laissons madame de Staël se promener de

6

long en large dans son château en Espagne, et cependant permettez-moi de vous conduire dans une maison située tout au fond du Marais, au beau milieu de cet ancien berceau de l'Esprit français, lieu d'asile de nos premières libertés.

Cette maison est un de ces édifices ruinés qui attendent la main du démolisseur; — là, le feu est rare, mais l'or abonde; les voûtes solennelles sont chargées de peintures effacées, et nul ne dirait que ces murs humides ont abrité, au temps jadis, l'opulence, l'élégance, les grands noms, la jeunesse! Dans cette caverne, habite l'oncle en question, si avare qu'il ne faisait pas de point sur les *i*, un homme sec, dur et cru, qui oubliait son fils unique, pour lui laisser une plus grande fortune, plus tard. — Cet homme, trop semblable à la bête fauve, signalée l'autre jour en plein Institut, par M. Auguste de Saint-Hilaire : le *minhocâo*, ce grand ver de terre et de mer, noir, cornu, énorme, insatiable, immonde, — ce minhocâo du Marais, a loué le premier étage de son hôtel à un vieux minhocâo-bonnet-rouge des mauvais jours; le second étage est occupé par un ci-devant minhocâo-diplomate de l'ancienne école, un de ces roués de la politique, qui en remontreraient au bon *prince* de Machiavel.

Ces trois bêtes fauves du Gévaudan, dont je ne vous ferai pas *le* gymnote ou *la* gymnote (le mot est joli et je le crois nouveau), vivaient ensemble dans une espèce de société dont les loups mêmes ne voudraient pas. Ils se haïssent, mais ils mettent en commun leurs haines et leurs rancunes pour s'en servir contre l'espèce humaine; ils se déchirent, et quand il n'est plus un seul lambeau de leur honneur qui soit intact, ils s'amusent à déchirer leur prochain; chacun apporte à ce trésor inépuisable de perversité, son fiel, sa bave, sa lâcheté, son envie, afin d'en composer un filtre! On s'étonne que ces trois misérables n'aient pas encore entrepris d'écrire quelque petit pamphlet quotidien.

La haine féroce de ces trois envieux du genre humain leur vient de leurs passions mal assouvies; quel est l'avare qui se trouve riche? quel ambitieux se trouve puissant? quel traître oublie un instant que son front porte ces mots, en lettres de fer — *trahison!* D'ailleurs, la haine est pour ces trois monstres, une horrible consolation aux malheurs qu'ils ont causés, aux crimes qu'ils n'ont pas commis; on les hait, et de leur côté ils n'aiment personne. Hélas! il ne faut pas les maudire, il faut les plaindre; un grand poëte nous le disait, cet été, quand nous buvions à la régalade de sa coupe remplie, vaste coupe d'or, qu'il nous était défendu de toucher de nos lèvres altérées :

« Un peu d'amour, voilà le vrai fond de la vie !
« Le reste n'est que haine, ou bien que fausse envie!
« . . . .
« Qu'on soit aimé d'un gueux, d'un voleur, d'une fille,
« D'un forçat jaune et vert, sur l'épaule imprimé,
« Qu'on soit aimé d'un chien, pourvu qu'on soit aimé! »

Ils étaient assis, tous les trois, autour d'une table mal servie, dans une salle à manger qui suintait la faim et la soif; le vin s'aigrissait dans les verres peu rincés, la servante crasseuse plongeait son vieux pouce dans les sauces sans saveur; le rôt était brûlé, l'épice manquait, tout, tout manquait, et la gaieté, la gaieté, ce sourire de la bonne chère, et avec la gaieté, l'amitié. Ces gens-là ne boivent pas, ils maudissent, ils ne mangent pas, ils distillent le fiel; ils se rongent en dedans, remplissant sur eux-mêmes le double rôle du foie et du vautour, dévorant, dévorés! Leurs vieux regards obliques se faisaient peur, rien qu'à se rencon-

trer dans la même direction ; le pain criait sous leur couteau rouillé, le poulet sous leur dent jaunie, le vin s'ar-
rêtait au nœud de leur gorge fait pour retenir le nœud
de la corde. Quelle diable d'idée de s'entre-donner à
dîner quand on est bâti pour vivre seuls comme les ours,
et combien faut-il que la fête des Rois soit en effet une
grande fête, pour rester une fête, même aux yeux lou-
ches de M. Grigout l'avaricieux, de M. Tranchemon-
tagne le terroriste, de M. de Fauconville, l'ex-employé
de l'ex-bouche du roi.

Ils s'ennuyaient tant, et tant (sans le contentement,
qu'est-ce que la richesse?), ils se trouvaient si absolument seuls et si complétement dédaignés, dans ce monde
des grandes joies et des petits bonheurs, ils se faisaient
une si profonde peur, l'un à l'autre, dans ce silence,
dans ce néant, dans cet isolement, dans cette misère
(car enfin la misère du riche, si le riche a faim et soif,
c'est bel et bien de la misère, plus l'abjection et le mensonge), que l'idée vint même à l'avare Grigout de
s'amuser un peu, fût-ce à *prix d'argent* (je vous aver-
tis que la chose est vraie, et que je suis incapable de
l'inventer....) « Si nous faisions monter ce rossignol
qui chante et cette lanterne magique qu'il annonce ?
— C'est dit, » répondent les deux autres, et la servante
s'en va chercher le petit André qui passait.

L'horrible servante était bien digne du maître qu'elle
servait, et il faut avouer que cela doit être un abominable supplice de voir sans cesse, agir et passer devant
soi, ce haillon taché de vin et taché de graisse ! — Figurez-vous un vieux tas d'ossements en perruque rousse,
l'œil hagard, le bavolet mal attaché, les mains, ah !
les mains ! la jambe enroulée dans un tire-bouchon mou
et fangeux, la voix qui grince et tout le reste.... Cette
mégère était le factotum de M. Grigout !

« Petit, petit! dit-elle, croyant parler à un malheureux de la rue, viens, mon maître t'appelle, » et elle
saisit, par sa main blanche et fraîche, le pauvre petit
André. André se crut dévoré par le loup de la fable dont
on a troublé l'eau, mais il laissa échapper un rayon de
sa lanterne, et la vieille, éblouie! lâcha prise. « Allons, dit André, allons, la mère! mais ne me touchez
pas. » L'enfant savait bien ce qu'était une femme
pauvre et mal vêtue, mais il n'avait rien vu qui se pût
comparer à ces haillons, à ces graillons.

Il entra dans la salle où se tenait cette tablée d'amis;
en ce moment, la conversation de ces trois drôles n'était
plus qu'une seule malédiction, un seul blasphème. Celui-
ci nous ramenait, tambour battant, à Waterloo, et restaurait les traités de 1815 que les rois eux-mêmes ont
déchirés, pour ne pas se laisser prévenir par les peuples; celui-là, ivre de son idée d'argent, spéculait sur les
terres confisquées et sur les biens nationaux, sur la misère publique et sur les séditions, car il appelait les gens
séditieux, pour avoir dit : *Donnez-nous aujourd'hui
notre pain de chaque jour !*

Le troisième de ces dignes amis plongeait son regard
fauve sur cette société qui lui semblait le *triomphe du
bourgeois!* Le bourgeois! c'est sitôt dit—tu défends les
vieux livres, bourgeois! Tu défends le vieux goût, bourgeois! Tu veux la société telle qu'elle est faite, bourgeois! Tu veux avoir ta femme à toi seule, bourgeois!
et ton morceau de terre à toi seul, bourgeois! Tu n'es
pas d'avis de remplacer, par le phalanstère universel, ce
monde mal luné, bourgeois. Bourgeois encore et toujours bourgeois! c'est le grand crime! c'est la grande
faute ! c'est la grande damnation! Bourgeois, fi donc! et
en tout ceci, ils sont d'autant plus inconséquents qu'ils
ne veulent plus que l'on dise un gentilhomme. « *Gen-*

tilhomme! » On rit aux éclats; gentilhomme! on lève les épaules! On rit de la chose ancienne, on ne veut plus du nom nouveau! On n'est plus bourgeois, on n'est plus gentilhomme, on ne sait plus ce qu'on est. Quelle torture prépare notre belle langue française aux générations à venir!

« Voici le jeune homme, dit la servante, il ne voulait pas venir, faites-en ce que bon vous semble. » André, cependant, tenant à la main le télescope de la fée, se préparait, sans mot dire, à gagner enfin ce gâteau des Rois, objet de son envie, et après quoi il avait tant couru.

Sa main recouvrait le flambeau allumé; un rayon perdu de cette lumière eut bien vite éclipsé l'unique chandelle qui brûlait en grésillant, sur cette table de la faim, et aussitôt ce magique tableau apparut aux regards de ces trois hommes frappés de stupeur.

Dans le château des Tuileries, encore tout rempli de la louange de l'Europe reconnaissante, dans ces nobles demeures, occupées du haut en bas par les enfants de ce vieillard couronné qui tient entre ses mains puissantes, la paix et la guerre, une salle vaste, une salle royale, resplendissante de mille feux, se prépare pour la fête du gâteau des Rois. C'est quelque chose d'immense ce salon qui attend ses hôtes; les portes ressemblent à des arcs de triomphe, les maréchaux de France décorent de leurs portraits le salon voisin; de ce côté s'étend le Carrousel, porte élégante et bien gardée que surmontent ses quatre chevaux, pendant que du côté opposé, l'arc de l'Étoile, brillant de tant de victoires élevées jusqu'au ciel, dresse sa masse imposante, au milieu de cette plaine sans fin; autour de cette table dressée pour un roi, circulent une foule de serviteurs empressés; du haut en bas du palais tout se prépare pour cette fête intime ; les gardes veillent, les cuisines sont brûlantes, le Parisien qui passe, enveloppé dans son manteau, reste ébloui de ces flambeaux sans nombre ! La nuit silencieuse poursuit sa course dans les airs.

Nos trois convives furent d'abord effarouchés de cette magnificence royale ; l'avare comptait les bougies qui brûlaient : le diplomate cherchait à deviner les paroles qui tout à l'heure vont retentir dans cette réunion de famille ; l'autre, l'homme terrible, il ne pouvait pas se reconnaître dans ce palais qu'il avait habité en pleine terreur, quand chaque parole prononcée sous ces voûtes souillées, était une proscription et un arrêt de mort, quand les eaux des bassins roulaient du sang, quand, à cette place où s'élève, svelte et charmant, l'obélisque de Luxor, s'élevait l'échafaud de Louis XVI, de Marie-Antoinette, votre échafaud, Élisabeth, jeune sainte immaculée, ton échafaud, poëte d'Ionie, André Chénier !

En ce temps-là le château des Tuileries était une ruine ouverte à toutes les tempêtes d'en bas ! Sa base chancelante retentissait sous le bruit funeste de la hache qui tombe ; — les porteurs de piques, ces va-nu-pieds de la Grève, laissaient, à chaque escalier, la trace de leurs pas de cannibales ; les tricoteuses servaient de dames d'honneur. La reine de céans, c'était la faim ; le roi de ces Tuileries tombées, c'était le meurtre ; de cet endroit mal hanté, partait la mort, partait l'émeute, partait le néant. La langue même, ce beau langage des chefs-d'œuvre et des élégances, langue de poésie, langue d'État, se dénaturait d'une façon fabuleuse à être parlée dans ces murailles souillées, et c'était alors un crime capital de ne pas savoir l'argot des fameuses journées ! De ce cloaque immense, quand le Directoire eut ajouté ses vices et sa propre honte, à tant de crimes sauvages, le général Bonaparte avait fait (grand génie!) la digne halte de ses armées et de sa gloire; là était son point de départ quand il fallait se ruer, l'aile déployée et la serre ouverte sur le monde qui tremblait d'épouvante. Puis la Restauration était venue, qui avait rendu à ce palais des Tuileries, l'élégance, la grâce, l'urbanité, la politesse, ce quelque chose d'affable et de charmant qui tenait à la vieille cour.

Le peuple, à son tour, avait traversé, en 1830, ces nobles murailles, il avait brisé ce trône reconstruit, il avait fait place nette, et, noble peuple! il s'était retiré les mains vides, en bon ordre. — Ce moment passé, les Tuileries ressuscitent; elles se peuplent d'une famille, et chaque année il fallut agrandir ces demeures qui ne suffisaient plus à tant d'alliances, à tant de noces fécondes, à tant de baptêmes heureux, à la foule qui se presse dans ces galeries, vastes comme celles de Versailles. Aussi, du haut en bas de ce palais des étonnements et des miracles, vous rencontrez un prince, une princesse, un enfant, un capitaine, une fortune, une alliance, une espérance, une force. Même les toits ont été percés de mansardes pour trouver quelque recoin inconnu, où puisse habiter quelqu'un de ces hôtes sans nombre, et maintenant, si haut que l'œil peut s'élever, vous pouvez dire, à coup sûr : une grandeur est nichée là-haut!

Quel prince souverain.... quel bourgeois se peut vanter d'une pareille lignée? Quel père a plus d'enfants, quel aïeul plus de petits-enfants, quel monarque plus de sujets, sortis de sa propre maison? Maison où respirent tous les plaisirs de l'ordre, maison habitée de toutes les joies sévères, asile sacré des longues pensées et des vastes entreprises sur lesquelles se fondent la prospérité et l'avenir des monarchies. Quand on songe que dans ces murs habite le dernier héritier de cet heureux royaume de France, érigé le 5 août de l'an de grâce 843, et que ces commencements de la monarchie française n'ont rien vu de plus merveilleux que cette prospérité de seize années !

Cependant le salon préparé pour la fête n'attendait plus que le Roi ; déjà étaient entrés avant lui, légitimes avant-courriers de sa personne royale, gardes du corps de sa royauté conquise, ses années de luttes et d'infortune, ses heures d'exil et d'abandon, ses heures de travaux et de voyage, ses heures de doute et d'agonie, ses heures de patience, de prévoyance, de sagesse, de lentes méditations—sa fortune retrouvée bribe par bribe, dans ces ruines d'une monarchie, d'une république et d'un empire, sa popularité conquise, jour par jour, ses amitiés vaillantes avec les hommes de l'ère nouvelle; ses poëtes aimés, ses passions choisies, ses artistes encouragés, cette patience à toute épreuve, ces enfants, dont le père de famille se sépare pour les livrer aux luttes égales du collége, ces jeunes filles qui cultivent les arts, surtout cette épouse, cette mère, cette femme, cette reine, l'ange chrétien de ce roi qui, enfant, a été salué par Voltaire, à qui le vieux Voltaire, vingt jours avant sa mort, a prédit l'avenir !

Puis les batailles de sa jeunesse, et de son exil, sa victoire de Jemmapes, digne piédestal de sa fortune;— sa mère, l'objet des respects de la France républicaine et la digne fille de la maison de Penthièvre — tout cet ensemble éblouissant et sérieux de courage, de malheurs, de dévouement, de prudence, d'infortunes noblement acceptées, le Palais-Royal retrouvé et même les tombeaux des aïeux sauvés et rétablis dans les caveaux funèbres du château d'Eu.

Le voilà ce roi sorti d'une révolution et sorti de cette race des Bourbons qui n'a pas son égale sous le soleil. A ce spectacle prodigieux que leur montre, dans un vif relief, la flamme féerique allumée au flambeau de l'orphelin André, vous pensez si nos trois hommes sont attentifs. Leur regard effaré ne saurait perdre un seul détail de cette prospérité portée à son comble, et peu s'en faut qu'ils ne sentent monter à leur front humilié ces vapeurs salutaires que le cœur le plus perverti envoie parfois à la raison.

Donc, pendant que la ville entière s'abandonne à la fête des Rois, le roi Louis-Philippe Ier, donnant la main à la reine Marie-Amélie, pénètre dans ce salon où il est attendu par ses hôtes de tous les jours : la paix, la liberté, le respect de l'Europe, la reconnaissance de son royaume, l'intérêt du temps présent, la louange de l'avenir. A ses côtés marche sa sœur, son ami, son conseil, son hôte; cependant le roi, avant de prendre place, salue sa fille bien-aimée, la veuve de son fils, la princesse royale, Hélène-Louise-Élisabeth, duchesse d'Orléans, princesse entourée de respects et de louanges unanimes.

Veuve sitôt, et frappée de ce coup de foudre, madame la duchesse d'Orléans a été plus forte que sa douleur. Autour de ce deuil sacré les passions et les haines font silence, les ambitions se calment; sa cause est la cause de toutes les mères, de toutes les femmes. Près de leur noble mère, accourent joyeux et charmants les enfants de ce prince qui était aimé, comme on aime le printemps, comme on aime l'espérance, Louis-Philippe-Albert, comte de Paris, et son frère le duc de Chartres, deux enfants abrités à l'ombre de ce trône élevé pour leur père, par leur grand-père; le vieux Roi, ce Roi sans maîtresse et sans confesseur, sourit à ces deux rejetons de sa race, il sourit et il soupire; il se rappelle le prince qu'il a perdu, et de son fils aîné, il remonte à la princesse Marie, du soldat à l'artiste, du capi-

taine des plaines d'Afrique, au grand sculpteur de la
vierge d'Orléans.

Les enfants ! laissez venir les enfants, cette fête, c'est
leur fête, le Roi veut être seul avec eux, il n'a que ce
jour à leur donner en entier, et il le leur donne avec une
grâce toute paternelle. Entendez-vous ce frais ramage,
ces joyeuses causeries, ces chants d'oiseaux ? Voyez-
vous cette nichée d'espiègles, et pouvez-vous vous retrouver, dans cette forêt de cheveux, tour à tour blonde
et noire et cendrée, colorée par le soleil du midi, à
peine dorée par le soleil du nord, confusion charmante, pêle-mêle de toutes les races, de toutes les maisons royales, brillante lignée venue de tous les trônes
de l'univers, enfants qui portent légèrement les plus
grands noms de notre histoire vaillante et guerrière :
le comte d'Eu, le duc d'Alençon, le duc de Penthièvre,
le prince de Condé, et plus loin, dans la Belgique, le
duc de Brabant, le comte de Flandre, et avec leurs
frères, tantôt leurs cadettes, tantôt leurs aînées, très-
hautes et très-puissantes princesses de trois ou quatre
ans : Marguerite d'Orléans, Marie-Amélie d'Orléans,
Marie-Charlotte-Clémentine de Saxe-Cobourg.

Puis autour des enfants, les enfants de ce trône
et leurs femmes, et celle qu'on saluait hier au Théâtre-
Français, dans sa beauté à peine éclose, la nouvelle
fille adoptive du roi, la fille des Espagnes : — *Virgo
paritura !*—Elle a quinze ans demain, elle vient d'attacher à ses noirs cheveux, une rose naturelle, fraîche
parure moins fraîche que son visage, parure plus royale
encore que ses huit millions de diamants et de perles
semés sur son voile d'or. Bientôt la fête commence,
chacun est à sa place, la reine des Belges, le duc de
Nemours et sa belle princesse d'Allemagne, née en
1822, le duc et la duchesse d'Aumale, le duc de Mont-

pensier et le jeune amiral qui a rendu à la France les cendres du grand captif de Sainte-Hélène, et cette princesse du Brésil, qui appelle, mais en vain, le soleil, le vrai soleil de sa patrie !

Comprenez-vous cette fête de notre Roi, et comprenez-vous son orgueil quand il fait le compte de ses convives, entre ses quinze petits-fils tant de beautés, tant de jeunesse... — ces forces aimées de son cœur !

Il voit en même temps son œuvre achevée, sa vieillesse couronnée de gloire, son trône affermi, sa dynastie fondée, le rêve des ducs d'Orléans accompli, de la base au faîte, cette paix dont il est le roi, cette génération qu'il a sauvée de la guerre, cette France qui donnerait au besoin le grand signal des batailles; ces miracles pacifiques, les sciences, les arts, les belles-lettres, ces grandeurs, ces fortunes, ces œuvres de la paix du monde, les montagnes abaissées, les vallons comblés, l'électricité domptée comme la flamme, et plus rapide encore, allant d'un bout du monde à l'autre, porter les ordres de ce vieux roi, tranquillement assis sur ce trône qui chancelait, en 1830, comme sur un volcan : la Russie furieuse, l'Angleterre inquiète, le vieux Rhin, oubliant les chansons de Kœrner, ces assassins traqués dix fois, et la balle s'écartant de cette tête qui a tout sauvé ! — Spectacle solennel ! Preuves illustres de la supériorité d'un citoyen sur les héros, — du bon sens sur le génie : mais en ce moment, ce n'est pas le Roi français que vous avez sous les yeux, c'est le père de famille. Apportez le gâteau des Rois dans cette salle des Tuileries, coupez-le en vingt-cinq parts si vous voulez que chacun en ait sa part, et faites des vœux pour que celui-là qui est le roi, règne aussi longtemps que le prince de Schauembourg-Lippe ou de Schwarzbourg-Rudoldstadt, — est-ce trop deman-

der ? Supprimez seulement la régence, Seigneur !
— Mais quoi ! la fève royale est échue à Sa Majesté,
et la famille entière de crier en battant des mains :
Vive le Roi!

A ce cri : *Vive le Roi !* un de nos trois vieillards
voulut chasser l'enfant et briser sa lanterne.... soudain
la scène change ! Vous passez du spectacle de ces prospérités royales, à une scène terrible. Ici la fête, plus loin
le drame. Là-bas aussi on coupe le gâteau des Rois,
mais ce gâteau, c'est un royaume; mais ces parcelles
que se divisent les convives gloutons, ce sont des
hommes; — cette fève qui va désigner le roi de la
fête, c'est une ville autrefois libre, perdue aujourd'hui
parce qu'elle s'appelait *la république* de Cracovie.

On vit donc, ô pitié ! pitié ! — sur cette muraille où
brillaient tout à l'heure les splendeurs des Tuileries,
l'ombre d'un royaume coupé en morceaux, et à chaque
parcelle sanglante de cette hostie, s'élevaient du fond de
ce royaume en deuil, des plaintes, des imprécations,
des prières ! Ces malheureux appelaient à leur aide les
chrétiens, les chevaliers, les hommes libres, leurs frères
qu'ils avaient servis sur les champs de bataille; ils mau-
dissaient avec la rage du désespoir, le roi Louis XV et
son infâme maîtresse qui les avaient livrés sans défense
à d'injustes voisins.... Vains efforts! vaine prière! On
tuait ce peuple en masse, on le tuait en détail, et ce
qu'on n'avait pas tué, on le déshonorait! A ceux qui
restaient, on arrachait le dernier lambeau de leurs
croyances, les derniers mots de la langue maternelle,
la Sibérie béante attendait les victimes que lui envoyait
le knout!

« Assez! assez ! » s'est écrié le diplomate, tout diplomate qu'il était : « Assez! assez ! » criait-il au jeune
André épouvanté de ces fureurs.

7

La scène change encore. Ah! pour le coup laissons
en paix les peuples et les rois de la terre, il s'agit de
châtier cet avare de son idolâtrie. L'avare veut voir et
compter! qu'il regarde et qu'il compte, et qu'il tâche de
se tirer de cet abîme de mauvaises affaires.

Le flambeau sans pitié, ou pour parler comme le
livre : *le chandelier de la vérité*, retrace sur la muraille froide de cette maison, l'agonie de l'abominable
homme d'argent. — Honte et misère! mourir ainsi,
après avoir ainsi vécu, c'est l'enfer ; mourir seul, sur
un grabat, dans un abandon funèbre et de ne pas oser
râler tout à l'aise, de crainte de se sentir dépouillé,
vivant, de son dernier linceul ! Mourir aux mains d'une
garde-malade qui s'endort et qui ronfle à côté de votre
agonie ! Mourir sur ce lit si dur, en comptant les lits
inutiles, vaines superfluités de vos maisons de plaisance!
Mourir, la gorge ardente, sans la goutte d'eau fraîche
qu'un ami eût suspendue au bout de son doigt ! Et cependant, de faire le compte des vieilles bouteilles remplies de chansons, d'esprit et d'amour qu'on n'a pas
vidées; — chansons que va chanter votre héritier en
dansant sur votre tombe sans honneur ; esprit, que vos
successeurs jetteront à votre mémoire méprisée ; amours,
amours du printemps prochain dans lesquelles vous n'aurez rien, non pas même une reconnaissance, — un souvenir.

O malheur ! mourir sitôt avec tout cet argent inerte,
honteux, avili, souillé, chargé de crimes, de parjures,
d'injustices; mourir sur la lisière de ces vastes forêts
où pas un mendiant n'osait faire un fagot pour son hiver; mourir au milieu de ces plaines chargées d'épis,
de ces coteaux parés de vendanges, de ces chefs-d'œuvre des arts, de ces livres qu'on ne pourra plus lire,
de ces paysages qu'on ne verra plus, même en rêve !

Mourir, et se dire que rien ne restera de nous que notre
argent et que cet argent qui a fait de nous un damné
ici-bas et là-bas, cet argent qui était un fléau dans nos
mains coupables, un remords dans notre cœur, un ton-
nerre à nos oreilles, nous, encore chaud, cet argent va
partir, emporté par quelque fille née sur nos terres et
dont nous aurons brisé le père à coups d'usure !

Tous ces détails affreux d'une vérité écrasante, ce
joug de fer de la mort, cette corruption du cadavre gorgé
d'or, passaient et repassaient en ce moment sous les
yeux de l'avare ; il criait *grâce, merci, pitié !* il se roulait sur sa sellette d'agonie.... point de grâce, point de
pitié, regarde ! bourreau de tous les tiens, regarde !
regarde encore, regarde toujours ! — le jeune André,
excité par ces grincements de dents, remplissait la muraille de ces images funèbres et de ces malédictions.

Puis tout disparut, la vision était accomplie, le châtiment était tombé d'aplomb sur ces têtes coupables....
de ces apparitions rien ne resta et nos trois mêmes hommes se retrouvèrent face à face, assis autour de la
même nappe affamée, — celui-ci aussi hideux que
celui-là.— A leur envie naturelle s'était ajouté le désespoir et peu s'en fallut qu'ils ne fissent un mauvais parti
au petit André, mais celui-ci, entr'ouvrant brusquement
la main qui cachait la clarté fatidique, jeta des torrents
de lumière sur ces hiboux, et il sortit de cette maison
aussi fier qu'il y était entré.

Cependant la nuit était à moitié de sa course ; cette
vapeur claire qui remplit les lieux froids, se mêlait peu
à peu aux nuages avant-coureurs du matin ; la faim ta-
lonnait le petit André ; ce talisman sur lequel il avait
tant compté pour gagner son gâteau des Rois ne lui
attirait que des injures ; la fée l'a trompé, mais elle
a trompé en bien ; elle ne lui donne pas le pain qu'elle

a promis, elle lui donne mieux que le pain, elle donne à cet enfant la leçon, l'enseignement, l'exemple, elle lui montre l'abîme des mauvaises consciences, elle lui apprend à lire sur les fronts pâlis les terreurs de l'âme, elle lui apprend à dédaigner l'argent qui ne donne rien qu'un vain bruit, horrible harmonie étouffée bientôt par les cris des misérables !

Tant qu'il portera, d'une main innocente, cette flamme qui lui fait voir les choses invisibles, le pauvre enfant ne peut guère songer à sa pauvreté passagère, la vérité et la curiosité le soutiennent, il se nourrit de son enthousiasme, il regarde autour de lui ces fantômes qui passent, ces ombres, ce néant, ces siècles qui marchent, à grands pas, dans nos rues ; ces années de gloire et de disette, de victoire et de deuil qui se heurtent l'une l'autre ; ces funérailles d'autrefois, ces funérailles d'hier, car il voit non-seulement les âmes qui reviennent, mais encore les âmes qui s'en vont. Passe en silence, portée par les amours en deuil, une morte que personne n'a vue mourir. — Vivante, Paris suivait d'un regard charmé cette beauté à la mode, — à peine expirée à la fleur de son bel âge, elle disparaît comme un songe, par la porte d'ivoire. Ces amours invisibles qui chantent le *De profundis* écrit dans les élégies de Tibulle ou dans les poésies amoureuses d'Ovide, emportent cette pauvre Albertine, dont le nom même est déjà oublié, léger cercueil, humble nom, tombé dans ces profondeurs.

Et pourtant que de belles heures ont sonné pour ces oreilles qui n'entendent plus, quelles fières et jeunes images ont brillé à ces yeux fermés ! Que la fête était royale, et que le rêve était beau autour de ce printemps éteint ! Un instant cette jeune femme a été la reine des princes de la jeunesse, faites-la venir cent ans plus tôt, seulement cent ans, et sur cette tombe où c'est à peine si quelques fleurs sont oubliées, vous auriez vu reluire la couronne des marquises !.... Le petit André qui la voit passer, la salue de sa flamme.... dernière lueur qui doit éclairer ce modeste cercueil.

C'est ainsi qu'il se servait, pour sa propre défense, de ce talisman lumineux; il éclairait, à son profit, cette nuit qui se remplissait de ténèbres; même un instant, cette flamme surnaturelle brilla d'une lueur si vive, que l'Italie entière cria : *Vivat !* comme si la France eût célébré, elle aussi, en couronnant ses montagnes de flammes, de poésie et de gloire, Gênes délivrée de l'Autriche et des vengeances de 1746 ! Gênes délivrée, Gonfalioneri attestant par sa vie et par sa mort, l'impuissance des prisons de l'Autriche, l'ombre des frères Bandiera saluant Pie IX et l'amnistie, quelle fête pour la grande patrie italienne ! André s'enivrait de cette lumière; il s'abandonnait librement à ce fracas de sensations contradictoires, et rien n'eût égalé sa joie, s'il n'eût songé de temps à autre que le temps se hâtait et que la faim, le froid, l'abandon, la nuit, sévissaient, de toutes leurs violences, chez son père adoptif.

La place Royale silencieuse dans le jour (jugez de ce silence, à deux heures du matin), était plongée dans le sommeil; tout dormait et même le poëte qui habite une maison de cette place, mais il venait seulement de s'endormir, près de lui était ouvert son nouveau recueil d'Élégies amoureuses, ces poëmes attendus de sa fantaisie, ce recueil intime des pensées de son âme et des transports de son cœur.—L'écho seul répondit aux pas du jeune André sur ces dalles sonores qui ont eu, elles aussi, leurs nuits éclairées, leurs nuits de fête sans fin, d'amour, de jeu, d'intrigues, de joie, de plaisir. Dans ces ténèbres se lamente Ninon, le philosophe, et pendant que Marion de Lorme, sous le balcon de M. Hugo, cherche à retrouver quelques-uns de ses amoureux de la place Royale, les héros des anciens carrousels, pensifs, entourent la statue de bronze de Louis XIII, dernier effort de la Restauration, qui a laissé vide (imprévoyante !) le piédestal de la place du palais Bourbon.

Fêtes passées, écho oublieux, galeries désolées, murailles de briques aux fenêtres silencieuses, aux temps jadis que de charmants visages à ces fenêtres, que de beaux discours dans ces salons ! quel cliquetis d'épées sous ces voûtes ! — André marchait vite dans ces galeries désertes, et comme s'il eût senti le frôlement de ces grandeurs éclipsées; il allait, il allait tout droit devant lui; au détour de la rue, il laissa le *Cadran Bleu* à sa droite, le *Jardin Turc* à sa gauche — deux ruines encore. Le *Cadran Bleu* dont l'aiguille amoureuse sonnait naguère et à coup sûr, l'heure du berger, le *Jardin Turc* qui fut tout un orchestre, et qui n'attend plus que le démolisseur!

Le plaisir s'en va de ses gîtes accoutumés, le peuple est inconstant dans ses joies: ses joies n'ont été fidèles qu'à l'Opéra-Comique et au Sauvage qui est resté sauvage, depuis cinquante ans, tant il était difficile de l'apprivoiser, ce cannibale enfoui dans ce caveau.

VIII.

Ce côté-ci n'est pas le bon côté du boulevard ; le boulevard du *Café Turc* et du *Cadran Bleu* n'est pas l'ami de la foule, tout au plus sert-il de guirlande à la place Royale, mais l'autre côté.... parlez-moi de cela ! Là est la fête éternelle ; l'art dramatique n'a pas de demeures plus populaires. A ce coin de Paris la Melpomène en haillons s'abandonne à tous ses délires, le vaudeville grivois, le mélodrame taché de sang, les mystères des prisons et des bagnes, les tyrans et les princesses malheureuses, habitent ces parages, et les fantômes se plaisent à y traîner leurs chaînes éternelles. L'esprit et l'invention au rabais qui se dépensent, en ce lieu, échappent à tous les calculs, et toute la statistique du monde, chose facile à croire, y perdrait ses chiffres et son latin.

Aussi bien, sur le seuil de ces portes foulées, se tiennent, saules éternellement pleureurs, les mélodrames que l'année a vus naître, qu'elle a vus mourir. Ils se lamentent d'avoir duré moins de temps qu'un journal nouveau, moins de temps que nos gloires de chaque matin, et ils s'étonnent du peu de larmes que contiennent les yeux du peuple de France ! — Dans ces lieux où règne la terreur dramatique, où triomphe la comédie en plein vent, le tréteau, cette joie des flâneurs, le tréteau a disparu, et en même temps le paillasse, le polichinelle, l'arlequin éveillé, la carline à l'œil égrillard ! — Plus de tréteaux sur les boulevards ! On les a supprimés par orgueil ; Bobêche a boudé Galimafré, son compère ; le Gilles n'a plus voulu rester exposé à l'intempérie des saisons ; à ces messieurs de la Bohême errante, il a fallu creuser, comme aux premiers chrétiens, une crypte, un temple souterrain, chauffé au calorifère, éclairé au gaz, des catacombes brodées, dorées, peintes et repeintes du parquet au plafond ; donc plus rien en plein air, voilà Colombine qui ne veut plus de la rosée du soir et qui craint le hâle du soleil de midi. C'est une grande révolution qui s'apprête dans les habitudes du grrrand Bilboquet, le roi des saltimbanques et des vieux banquistes, et de ce drame en pantoufles, bientôt vous n'aurez plus que le nom.

Mais qu'y faire? On a prétendu avec raison que le parterre assis n'était plus ce vieux parterre attentif, zélé, ardent, et qui avait inventé ce grand mot : *dormir debout*. Je prétends, moi que la foire de Saint-Laurent n'est plus qu'un jardin d'hiver. — Ceci n'inquiétait guère notre jeune voyageur André, seulement il regardait, de côté et d'autre, pour bien s'assurer si, en effet, Debureau, le grand homme enfariné, était bien mort.

Je vous le demande, mes frères, pourquoi, par exemple, Debureau est-il mort? A quoi bon, et de quel droit? Seul parmi les artistes et les coquettes de ce monde, il avait le privilége de ne pas vieillir ; chaque année, il ajoutait un grain de farine à ce fard blanchâtre qui lui servait de visage, et ce grain de farine suffisait à remplir la ride de l'année écoulée ! Il était muet, donc la voix lui était inutile ; il portait un serre-tête, — ses cheveux pouvaient blanchir, sans que personne le sût, pas même lui ; il vivait, fortuné vieillard, d'une grimace, d'une seule grimace, pour laquelle il n'y a pas si longtemps que George Sand s'est enthousiasmée de son bel enthousiasme qui brille et qui brûle, et qui ressemble à la conviction, comme le feu follet ressemble à la

flamme, — et pourtant notre Debureau est mort, comme
un autre homme, et comme s'il n'avait fait toute sa
vie que cette dernière grimace-là.

Cependant, sur le seuil des Funambules, un homme
s'arrête, un de ces hommes dont l'aspect seul est un
charme; il a le sourire d'un enfant, la grâce d'un jeune
homme, le regard sérieux et fin de l'expérience, mêlée
de bonhomie. Dans cette nuit de liberté où chacun
ressuscite pendant une heure, ce digne enfant de Paris
qui veut rentrer à l'Arsenal, a pris le chemin de l'école
pour gagner les boulevards, et, chemin faisant, il s'est
arrêté à bouquiner sur les quais, et il a demandé à
l'Institut : « Quoi de nouveau? — Une grande nouvelle, Nodier, M. de Rémusat, demain, doit parler de
M. Royer-Collard. Vous savez bien Rémusat, ce bel
esprit, poëte, historien, philosophe, orateur quelquefois, écrivain toujours; il a appelé à son aide toutes
les muses de la parole, et les muses éloquentes lui
ont répondu; il a touché au journal, aux livres, au
conte, à la théologie, au moyen âge, à la politique,
et il cause, causeur habile, comme il écrit, avec tant
de légèreté, tant de grâce, tant de finesse, tant de vi-
vacité légère, que souvent on le prendrait pour vous,
ami Nodier.... Souvent on le prend pour M. Cousin; un
autre jour il aura la verve féconde de Villemain, Villemain la grâce athénienne, l'éloquence française. —
En effet, à M. de Rémusat tout réussit, même sa
modestie, même son grand talent de faire si bon mar-
ché d'un talent vrai, net, sincère ! Voilà la nou-
veauté de demain, ami Nodier, et M. Dupaty répondra à M. de Rémusat. — Ah! dit Nodier, demain
n'est pas à nous, suis-je malheureux, d'autant plus que
la boutique de Techener est fermée jusqu'à demain. »

En même temps il franchissait le pont du Carrousel.

Quand il a passé sous cette arcade unique et dange-
reuse, il cherche à reconnaître dans la cour du Louvre,
ce jeune homme militaire, à cheval, sur un cheval dont
le manége Fitte ne voudrait pas; puis, il longeait la
Bibliothèque royale, cet abîme placé au milieu de la
voie parisienne, comme un avertissement suprême du
profond néant dans lequel, avec un peu de belle chance!
vous tomberez tous, vous les écrivains de ce siècle; et
enfin il parcourait, comme je vous l'ai déjà dit, le boulevard du crime et de la joie, espérant voir apparaître
à sa fenêtre réjouie, l'image enfarinée et piquante de
son merveilleux Debureau.

Vanité! vanité! la vie des morts passe aussi vite
que la vie des vivants; ombre nous sommes, ils sont
une ombre; ils passent en regardant autour d'eux et
nous passons sans rien voir; ils s'effacent quand ils ont
vu, ainsi faisons-nous, nous-mêmes! Ils se lamentent,
et nul n'entend leurs lamentations; et les nôtres, qui
donc les écoute? Pour les voir, il faut un flambeau
allumé par la main d'en haut; et nous, quel regard assez
perçant nous peut distinguer, habitants de cette boule
ronde couverte de fous?

Pendant qu'à sa droite, s'agitent les générations de
l'Ambigu, de la Gaîté et de la Porte Saint-Martin (où
es-tu, *la Juive de Constantine?*) pendant que les *Tableaux vivants*, en robe de gaze, gaze menteuse qui
cache un maillot couleur de chair sale, nous tendent leurs
filets et leur sourire (étrange chose que l'art dramatique
se soit simplifié à ce point : une femme nue, un homme
nu, votre drame est fait!). André marche, devant lui et
sans s'arrêter à droite ou à gauche, il longe ce boulevard Bonne-Nouvelle, où M. Scribe, cet homme qui
avait tant d'*atouts* dans son jeu, a joué et gagné ses plus
heureuses parties; à la fin, le voilà, tout près du pavillon

de Hanovre. Monument d'une victoire douteuse, le pavillon de Hanovre reste debout, mais nos édiles impitoyables ont sacrifié à l'alignement, la maison charmante d'Héloïse, cette porte par laquelle entrait Abélard, cette fenêtre où les deux amants, rêveurs, le Paolo et la Francesca de la théologie d'Aristote, oubliaient la leçon commencée.

Bref, le voilà dans le vrai Paris de la fête, du luxe, du bal, du jeu, des veilles, des plaisirs, le Paris de marbre et d'or; là toute maison est un palais, et la portière de ce palais est une duchesse; là même les servantes portent du velours, les laquais poudrés à blanc, et la rose au côté, s'appuient sur une canne à pomme d'or. En ce lieu, unique au monde, la misère n'ose pas se montrer, elle serait chassée comme une pestiférée; la faim étouffe ses cris, ses cris seraient étouffés comme les cris d'un traître; sous ces voûtes créées par la magnificence, l'enfant n'ose pas venir àu monde, ses vagissements feraient crouler les murailles; le vieillard n'ose pas mourir, son cercueil briserait ces portes de cristal.

Croyez-moi, ne vous hasardez point dans cette patrie des riches, vous qui ne faites pas partie intégrante du nombre des heureux, des beaux, des jeunes, des puissants, des cordons rouges, des grandesses, des élus de la société parisienne qui est là tout entière résumée à merveille par ce sourire éternel, par cette joie sans fin, par cette chanson à boire dont le refrain est un refrain d'amour. — Maisons dorées, dites-vous? dites plutôt *des maisons d'or*, pavées de perles et de rubis!

Habiter, dans ces demeures plus que royales, un simple cabinet caché sous ces toits de lapis-lazuli incrusté de topazes, cela vaut mieux que de posséder

en maître souverain, quelques-uns de ces beaux domaines que baignent la mer et le soleil du midi.

Écoutez ! écoutez ! là on chante, on rit, on danse ;
là, tout ce qui est beau et jeune et charmant s'arrête
une heure ; là le monde entier a envoyé ses plus grands
hommes du luxe et des bonnes fortunes élégantes ;
c'est l'oasis de Paris, c'est le paradis de Paris, c'est
la splendeur même, la splendeur vivante, éloquente,
entourée de tous les prestiges des arts. Dans cette ville
de diamants et de perles, une fois que vous vous êtes
placé à l'abri de ces cinq ou six coffres-forts, plus riches
que la caverne d'Ali-Baba (cette caverne ne contenait
pas les cinq cent trente-trois millions et quelques centimes que comptait un caissier ébloui, dans sa récapitula-
tion de l'année?) vous n'avez pas besoin du flambeau de la
fée, maître André, car toutes les nuits de tous les jours
de ces quartiers heureux, sont éclairées comme si Paris
avait appris le matin même, l'annonce de quelque bataille gagnée sur les Anglais en pleine mer.

Non, non, aussitôt que vous avez touché cette mine
d'or, pas n'est besoin d'invoquer les puissances sur-
naturelles, André, pour contempler le spectacle
idéal des biens de la fortune, amoncelée sur quelques
hommes que Dieu a choisis dans ses miséricordes via-
gères.

L'air qu'on respire, dans ces rues, est frais en été,
chaud en hiver ; dans ce jardin que la fée a touché,
la fleur du mois de décembre s'épanouit à côté
du fruit, en janvier ; les eaux chantent une sérénade
aux belles dames ; les oiseaux des parcs, oiseaux
bleus, couleur du ciel, se posent, gracieux, sur toutes
les blanches épaules, et, le soir venu, à l'heure même
où les hauteurs de la rue Saint-Jacques se couvrent de
l'épais brouillard enfanté dans la Bièvre, où la neige et

la pluie, et la grêle cassante retentissent, harmonie dou-
loureuse, contre ces frêles murailles qui se rapetissent
sous l'effet criard de l'Eurus....

En ce moment funeste, désespéré, la ville des riches
et des heureux retentit du bruit des harpes, mêlé aux
concerts savoureux de la broche qui tourne au brasier
enflammé, la casserole entonnant son chant de triomphe, à côté de la poêle à frire qui chante son duo fumant
avec le gril chargé des dépouilles opimes que M. Cornet livrait naguère au mardi gras, du fond de sa
grasse et basse Normandie. Hourra pour M. Cornet !
mais il est mort, et déjà la ville riche s'inquiète de son
bœuf et de son mardi gras.

Je le vois, la montagne de Sainte-Geneviève, surmontée de ce Panthéon vide, s'enveloppe dans son froid
brouillard ; la lune, de là-haut, jette à peine dans le nuage
épais, une pâle lueur ; les étoiles de ce ciel de fer se brisent
et se perdent, chancelantes, dans l'abîme des airs ; l'hiver,
souverain dominateur des corps et des âmes, étend ses
rigueurs d'un bout à l'autre de la ville écrasée dans ces
étreintes sauvages.... Tant mieux, les hommes privi-
légiés en sentiront avec plus de bien-être content et
satisfait, les joies de l'oisiveté et des festins !

Tant mieux, le ciel assombri fera paraître plus légers les nuages roses qui voltigent sur les fronts joyeux ;
tant mieux, la glace de là-bas donne une couleur nouvelle aux fleurs de céans ; tant mieux, les haillons
qui cachent à peine les battements douloureux de ces
honnêtes cœurs, rendront plus transparente et plus
lascive la gaze rosée qui recouvre à peine ces épaules
profanes. A chacun son lot : là-haut les épines, et ici,
doucement épanouie sur sa tige flexible, cette rose
fabuleuse tant cherchée à Sybaris.... la rose sans pli.

Dans un petit appartement de plaisir, situé au beau

milieu de ce printemps éternel, dans une de ces rues chauffées que traverse incessamment la foule des bergères qui ne viennent pas des Alpes, et des porte-faix en velours et en bas de soie.... qui ne viennent pas de la halle, dans l'atmosphère de l'Opéra, imprégnée de chansons et d'élégies, se sont réunies pour célébrer la fête des Rois, des femmes.... Le portrait n'est pas facile à faire, car le moyen de fixer, sur cette page rapide que le vent emporte, les passions volages de la concupiscence, ces passions errantes d'un désir à un autre désir?

C'est tout au plus si je puis vous les montrer, en bloc, dans un tableau de genre, ces femmes dépareillées, ces Psychés en jupon court, ces enfants perdues de Momus et de la folie qui n'ont jamais vu, que je sache, leur extrait de baptême! Ces jeunes personnes qui ne font pas profession d'une grande austérité, sont pour la plupart d'une santé brillante, d'une gaieté infatigable; elles sont contentes de leur esprit, elles ne sont pas mécontentes de leur beauté; elles ne comptent jamais ni leurs années, ni l'argent de leurs amants, et pourvu qu'elles soient attifées à leur avantage, le monde peut périr.... dans ce monde écroulé, elles ne regretteraient que leurs bijoux, leurs diamants, et leurs robes de mademoiselle Palmyre : « Assises sur les *ruines de Palmyre*, là nous nous sommes arrêtées, et nous avons pleuré, en nous rappelant la chaussée d'Antin ! »

Leur profession? on n'en sait rien! L'une appartient au théâtre, mais à coup sûr elle a plus de coulisses que de théâtre; l'autre appartient à l'ordre de la librairie, mais on a fait, pour elle, plus de romans qu'elle n'en pourrait écrire ; celle-ci appartient, par un certain côté, aux affaires étrangères, mais ne lui parlez pas des trois princes de l'Orient, d'Ibrahim-Pacha, ou même du magnifique bey de Tunis, ou même du droit de visite, elle croirait que vous lui faites un compliment.

Les plus modestes se mêlent, autant que cela se peut, de l'administration publique, et il faut leur rendre cette justice, qu'elle se plaisent à faire beaucoup d'heureux ; les plus riches jouent à la Bourse, et elles savent mieux que personne pourquoi la Banque vient d'élever son escompte à 5 pour 100, pourquoi la rente est tombée à 76 francs 90 centimes, et ce que peut valoir une *obligation de la ville ou de la caisse hypothécaire.* Leur grand bonheur, quand elles ne sont pas occupées à leur fortune, c'est de montrer de belles dents blanches, incrustées encore de leur premier émail, de belles joues d'un pur ovale, surmontées d'un nez retroussé, car cette caste a son genre de beauté, comme elle a son genre d'esprit et de bons mots. — L'une, accusée d'avoir empoisonné son mari, qui n'était pas mort : — pardieu ! disait-elle, faites-le ouvrir et vous verrez ! — L'autre, dont la tête ne serait pas mal si elle n'était pas vile, un jour qu'un bel amoureux déposait à ses pieds un collier d'or — Levez-vous, dit-elle, on croirait que je vous pardonne ! — Du reste, dociles aux lois de leur pays ; si c'était seulement l'usage d'aller nues par les rues, elles ne seraient pas les dernières à obéir.

Sans préjugé, pourvu que vous ne renversiez pas la salière et que le marc de leur café, le matin, leur annonce une bonne aventure. Elles ont pour devise, la devise même de la maison princière de Stheinen-Wolbeck : *D'argent, à trois lions de sinople, couronnés d'or,* avec ces mots : *Votre plaisir;* du reste, *catholique, avec voix virile à la diète provinciale de Westphalie,* je parle toujours de la maison Stheinen-Wolbeck.

Elles sont ainsi faites ! créatures violentes, sveltes, méchantes, perverties et perverses, — perverties à ce

point, que même lorsque leurs sens se taisent, leur
tête parle encore le langage des sens.

Êtres tout parisiens, car par un bienfait de la providence divine qui n'a pas voulu incendier les provinces
(elle les inonde, mais les provinces y gagnent encore),
ces sortes de créatures ne peuvent vivre qu'à Paris,
elles aiment cette bonne ville où l'on se marie, de façon
à ce que les pères soient assez vieux pour que leurs
enfants aient le droit d'être jeunes ; elles aiment ces
jeunes gens, ruinés à l'avance par le scandale et l'exemple de leurs grands parents, elles se plaisent à triom-
pher de ces Lovelaces irrésistibles qui s'en emparent,
à peu près comme ce Breton qui prend un Normand et
qui est emmené par le Normand. Mais quoi ! ce tableau de fleurs que n'eût pas signé Redouté, me fatigue et vous fatigue par trop de roses, de jasmins, de
falbalas, de jonquilles, et pas assez de naturel.

Les voilà, à peu près, ces femmes, dangereux produit de la luxure, de la dépense, de la folie et de l'oisiveté
des hommes, et de ces femmes-là le petit André n'avait
jamais entendu parler au poëte son père, ce père qui
est mort en croyant aux manteaux, aux chlamydes, au
péplum, aux sandales, au chaste appareil de Junie, aux
voiles sacrés des Vestales. Quand il vit cet éclat des
nuits enflammées, André eut honte de sa lanterne,
déjà même il revenait sur ses pas, déjà il cherchait de
quel côté du ciel noir se trouvait le — faubourg-
souffrant, — lorsqu'il entendit une douce voix qui lui
disait : « petit ! petit ! » et ce *zt*, cette syllabe pro-
vocante de Zerline au balcon de don Juan, ce *zt* que
savent prononcer seulement les lèvres florissantes sous
leur premier duvet.

Zt ! c'est le signal qui monte de la rue au balcon,
qui descend du balcon au jardin, le *Shibboleth* de ces

Sybarites qui n'ont sauvé des vingt-quatre lettres de l'alphabet que le : *zt*.

L'enfant comprit ce : *zt*, comme s'il n'eût jamais quitté la rue du Helder, ou la rue du Mont-Blanc, comme s'il était le cousin de la rue Notre-Dame-de-Lorette, et il répondit *zt*, ce qui était fort mal répondre. A ce *zt* on ne répond pas, on arrive, on entre... il entra.

Le repas de ces dames venait de finir; le bal allait commencer, ces petites-maîtresses n'attendaient plus que leurs danseurs, et cependant elles riaient, elles causaient dans leur patois, car elles parlaient, mais ceci est une affaire d'oreilles, non d'idées, aussi bien les langues du midi, filles de la joie, que les langues du nord, filles du besoin; elles folâtraient, elles se jalousaient, elles s'admiraient, elles se dédaignaient tout à leur aise.

Pour les bien voir, il faut les voir, livrées à elles-mêmes, dans le sans-façon de leurs belles grâces, ces Dalilas de l'imagination, ces Pasiphaés de la fortune; il faut les voir sans gêne, comme elles sont entre elles, car elles se connaissent assez pour ne plus prendre la peine de se mentir, l'une à l'autre. On parle de *tableaux vivants*, la chaste Albion nous a envoyé, en fait de tableaux vivants, ce qu'elle a de plus laid; plus humains, M. et madame Keller nous ont montré, sans voile, ce qu'ils ont de plus beau; mais les vrais tableaux vivants les voilà : ces pleurantes, ces riantes, ces prudes, ces folles, ces prodigues, ces avares, ces boudeuses, ces naïves, ces vieilles, ces enfants, variées et variables et changeantes à l'infini.

Elles crient, elles chantent, elles parlent, elles se taisent, elles aiment, elles déchirent, elles font leurs grands yeux; elles se meurent, elles s'exaltent, elles pleurent, elles s'enivrent, elles se plongent dans le bénitier, elles sont reines, elles sont maudites, elles commandent jusqu'à l'insolence, elles obéissent jusqu'à l'abnégation, elles oublient leur père et leur mère, à peine elles ont le souvenir de leur dernier amant.

Leur vie se passe, — une vie de trois mois, — à changer de parures, à dévorer des romans nouveaux, à conduire des intrigues qui s'entre-croisent, à entendre parler d'amour, à vous conduire jusqu'à l'autel, mais pas plus loin. Vous avez tour à tour, et tout à la fois, le paon qui fait la roue, le geai qui se pare des plumes du paon, le crocodile qui pleure, le vampire qui se nourrit du sang des morts, le serpent qui fascine l'oiseau, le regard du basilic, regard avide qui userait une pièce d'or, rien qu'à la contempler en silence; elles font tout ce qui concerne leur métier de femmes, elles font même du sentiment, au plus juste prix, *marqué en chiffres connus*, comme dans les magasins du *Grand Colbert*, mais sans la marque de fabrique! Elles jasent tant qu'on veut, et cependant je vous formule leur opinion, elles pensent que parler, c'est gâter la conversation.

Elles sont soumises à autant d'accidents que les hommes politiques — telle qui a porté des diamants avant d'avoir porté des chemises, est passée de mode en vingt-quatre heures, et telle autre, méchante comme un singe malade, s'en va durer vingt-quatre ans; ses cheveux sont blancs (à vieille mule, frein doré), quand elle y pose sa première aigrette; celle-ci, moins heureuse, n'obtiendra pas un regard, et pourtant elle vous a les plus beaux yeux du monde, des cheveux ondulés, et vingt-quatre dents carrées comme des perles carrées brillent dans son sourire presque ingénu; telle autre, longue, sèche, plate, vieille, roide, immonde, la jambe trop mince, le pied trop long, les yeux chinois, va amasser de quoi acheter une terre, et quand elle aura une terre, de quoi avoir un mari... sa cousine qui est charmante, qui est honnête, s'estime trop heureuse de servir de femme de chambre (moins les gages) à cette haridelle!

De leurs mains crochues, ces dames ramassent les fortunes oubliées, les amours dont les honnêtes femmes ne veulent plus, les jeunesses étiolées et surtout les têtes chauves, les dos voûtés, les hontes, les actions mauvaises, les concussions, les vols habiles, le jeu de Bourse, les trahisons domestiques, les lâchetés à la guerre, les lâchetés dans la paix... toutes les atrocités contre l'honneur.

Au reste, c'est toujours la même histoire, toujours Cléopâtre avalant sa belle perle, dans la coupe d'Antoine, toujours Jupiter changé en pluie d'or, et Phryné *le crible*, ruinant et criblant ses amants!

Tas ignoble de lis et de roses, pas trop jeunes, belles comme ça, imposant, aux malheureux qui en veulent, la dernière des servitudes, la plus volontaire de toutes et la plus honteuse. Il faut les plaindre; elles sont ridicules, quand elles ne sont pas odieuses; entourées d'hommes de fortune dont il leur faut adorer les sottises, elles ont bien vite adopté le goût de ces hommes aussi corrompus que leurs mœurs, et les voilà, ces courtisanes avides, qui n'auraient pas un regard pour le jeune Letorière, se ruinant chez les brocanteurs, chez les bijoutiers, dans le bric-à-brac, en glaces, en porcelaines, en magots, en falbalas, en pretintailles.

Elles seules et les premières, elles ont remis à la mode les nudités de Klinstad, les tableaux de Beaudoin, les vierges immodestes et les anges frelatés que commandait la Pompadour, exemple suivi dans toutes les petites maisons, des petits abbés, des petits robins, des petits financiers, des petits-maîtres d'un petit goût.

Ces sortes de femmes, professeurs émérites dans l'art

de papilloter en grand, crachent sur l'Apollon, sur les *Lutteurs*, sur la Vénus de *monsieur* Milo, sur la *Phèdre* de M. Racine, — elles aiment le faux, le grotesque, le clinquant, le criard, elles veulent du fard partout, du coloris nulle part. Elles recherchent avec rage, les chinoiseries, les poteries, les friperies, les dessus de tabatière en habit ginguet, — ces tabatières représentent leur visage fardé, et leur sein nu entouré (digne emblème) de guirlandes d'œillets d'Inde.

Ces beautés de caprice et de passage sont-elles assez sottes et vaines! Interrogez le papillon, c'est la chenille qui va vous répondre! Pressez-les, elles vous diront de ces bêtises si extraordinaires, que, par une seule de ces réponses, vous pourrez juger aisément de toute la population d'une province! Faites-leur entendre, par hasard, quelque parole de considération et de respect, elles sont muettes, elles hésitent, elles se demandent quel est ce langage inconnu, et quel est ce jeune homme qui leur parle ainsi; à coup sûr il n'a pas été sifflé dans leur volière!

Pour bien faire et pour réussir près de ces dames, ressemblez au petit chien du pèlerin : à chaque fois qu'il remue la patte, il en fait tomber des perles; faites ainsi, et tous les regards seront pour vous, tous les soupirs, toutes les mines muettes, tout ce qui représente la passion, pourvu que cette passion même s'accorde avec leurs intérêts, leur tranquillité et leurs vices.

Têtes bien dressées, cœurs de fer, vertus habiles à danser sur la corde d'or, — ne cherchez pas dans ce troupeau de bonnes fortunes, l'image de la beauté; tout au plus vous trouverez la physionomie du plaisir.

IX.

Elles étaient donc réunies, attendant le jeu et le bal, le jeu nouveau arrivé chez nous avec la polka, ce jeu qui est devenu — ô misère! un hasard de soldats ivres! — le beau jeu du beau monde, le monde de l'amour sans peine, des intrigues sans conséquence, où l'on aime du matin au soir. Elles attendaient le jeu et les joueurs, dans ce salon lumineux et brillant; déjà étaient battues les cartes du lansquenet, tout était prêt pour se ruiner en s'amusant, — elles causaient entre elles, de cette voix criarde qui sent la loge du portier ou la mansarde de la grisette, s'appelant par leur nom de guerre.... leur nom de guerre, c'est le mot.

O soldats, gagnez donc ou perdez vos batailles, pour qu'on fasse de vos victoires, un bouchon de paille attaché à la queue d'une jument! Duchesse de Waterloo, comtesse de Leipsick, baronne de la Brenta. (Eh! depuis quand, Eugénie, es-tu baronne? — Depuis, dit-elle, que Lolla Montès est comtesse et gouverne la Bavière.) Elles retrouvaient ainsi, dans nos cartes guerrières, les tables chronologiques de leurs amours, effaçant, par vanité, le nom des vrais amants qu'elles avaient vraiment aimés.

Elles disaient toutes sortes de bons mots, à leur fantaisie, contre les hommes dont elles vivaient; elles appelaient celui-ci arrondi, gras, épais, replet, le gros suisse de Cythère! — Celui-là l'*innocent*, qui ne savait même pas manger sa fortune! Celle-ci zézayait

en minaudant et levant au plafond ses gros yeux de
bœuf, comme dit Homère :

Ze fais avant le zeu le signe de la croix,
Et si ze n'ai zamais pu gagner une fois.

— Il faut être modeste, disait la cinquième, je n'ai
que deux chevaux à ma voiture, dans notre état, mieux
vaut faire pitié que de faire envie. Et ceci, et cela; bref,
elles commençaient fort à s'ennuyer, même les belles qui
faisaient crever d'envie leurs voisines, même les inso-
lentes, qui entraient en fureur à tout propos, parce
qu'elles savaient que la colère leur allait bien! J'aime
mieux le mot naïf de cette enfant de quinze ans qui
montrait sa naissante beauté : — Mettez votre fichu,
disait le père. — Eh! mon père, disait l'enfant, avec
quoi voulez-vous que je me pare!

Toujours est-il que notre jeune André fut le bienvenu
dans cette maison. « Madame, madame, disait la soubrette
à sa maîtresse, voici un enfant que j'ai appelé et à qui je
vais donner *la part du pauvre,* » car ces dames (il faut
le dire à leur louange) n'avaient pas oublié, au moins,
la part du pauvre, dans leur fête.

Heureuse habitude des vieux ménages, à laquelle
nos pères ne manquaient pas, car ce malheureux qui
frappe à notre porte, c'est peut-être Notre-Seigneur
Jésus-Christ en personne. En même temps, l'espiègle
fille d'antichambre (avant peu, elle commandera, elle
aussi, et peut-être à sa maîtresse devenue sa servante),
poussait le petit bonhomme dans ce salon tout rempli de
recherches, de vases, de bronzes, de parures, d'épaules
nues, de regards effrontés, de jupons lestes, de jambes
brûlantes, de petits pieds à peine contenus dans la soie!

Vous pensez si mons André fut ébloui : — partout de
l'or; l'or aux flambeaux, l'or à la pendule, l'or aux che-

nets, l'or aux lustres mêlé au cristal, surtout l'or aux bras
de ces dames, et le diamant à leurs oreilles, et les fleurs
dans leurs cheveux, et ces mille senteurs, et ces mille plis,
ces mille couleurs, ces formes décevantes, cette jeunesse, habituée à flageoler et à fleureter dans tous les
beaux endroits de la ville.

Il n'y a que les jeunes gens pour voir, tout cet éclat
des yeux, des lèvres, des épaules ; — ces mélodies,
ces accents bien domptés, qui donnent seulement
plus de relief à la parole ; ces folâtreries de femmes oi-
sives et coquettes, qui veulent plaire, même au mendiant
qui passe, et qui ne sont pas fâchées que l'enfant au
berceau les trouve belles. Elles entouraient André ;
elles le regardaient ; elles se disaient qu'il était charmant. En effet, on l'eût pris, à sa taille bien cambrée,
à sa jambe mignonne, à son pied fin et léger, à ses
grands yeux brillants, pour mademoiselle Déjazet à
vingt ans, quand elle n'était qu'un petit garçon.

« Comme il est joli ! — comme il est frais ! — les
beaux yeux ! — les longs cils ! — les petites mains !—
Ah ! ma chère, le joli enfant ! » et ceci et cela. Elles passaient leurs longs doigts phosphorescents dans ses longs
cheveux ; elles frôlaient de leurs mains douces, ses joues
brillantes ; elles effleuraient de leurs lèvres embaumées
le front rêveur de cet enfant. Les plus hardies le ser-
raient palpitantes contre leur poitrine nue ! « As-tu
faim ? as-tu froid ? Repose-toi, et viens manger, » mais
voilà tout, et elles se contentaient de l'embrasser.

A la fin cependant mademoiselle Julie, fière de son
protégé, s'en va chercher sur un plat d'argent, la part du
pauvre, et d'un geste adorable, comme si elle eût apporté à sa dame, le billet doux de quelque fermier général au temps des fermiers généraux, ou de quelque
prince du sang, quand il y avait des princes pour ces

princesses, elle présentait au jeune André, ce tout petit morceau de gâteau, échappé au gaspillage de ces griffes rosées; l'enfant hésitait, il avait faim, mais il avait honte; il comprenait confusément qu'il n'était pas le mieux partagé de tous les conviés à la fête universelle, cependant sollicité par ces voix, par ces regards, il portait la main à cette *part du pauvre*, étalée dans ce faste, lorsqu'un incident inattendu lui vint arracher ce dernier espoir.

Le petit chien de la maison, car ces dames ne sauraient se passer d'un *Bleinheim* (ô Marlborough) ou d'un *King Charles* ou de toute autre bête aux longs poils, aux yeux chassieux, le petit chien tant aimé, tant flatté, tant caressé, qui fait dire aux passants : *cette dame a bon cœur*! Cet être capricieux, grognon, puant, malfaisant, plus choyé même que ne l'eût été l'enfant de la maison, mais ces sortes de maisons sont stériles, n'était bon qu'à dormir, à digérer, à grogner, à mordre de ses crocs aigus. C'était un horrible fétiche, un vrai dieu Lare digne de l'hôtesse de céans.

Ce seigneur *Porthos*, on l'appelait ainsi par respect pour *les trois mousquetaires*, faisait, en ce moment, un grand chagrin à *petite maîtresse*; il ne voulait pas manger, il était si repu, si obèse, si bourré, si nourri, qu'il en crevait dans sa peau! En vain on lui avait mâché des blancs de poulets, des petits pieds, des morceaux choisis, qu'on lui présentait, d'un petit geste agaçant, M. Porthos ne voulait pas manger et boudait vautré dans une bergère de velours à franges d'or (un pareil animal enfoui là, pendant que la paille même va manquer à des chrétiens!) Quand donc ce vieux caniche anglais, mêlé de carlin (ô impératrice Joséphine, vous avez protégé l'hortensia.... et le carlin, le monde est quitte avec vous) eut remarqué, du coin de son petit œil pelé, le jeune André, ce nouveau venu entouré, fêté, caressé, comme s'il eût été un chien à la mode, le drôle agita sa queue... on ne fit pas grande attention à ce mouvement d'impatience; il leva ses oreilles, — étonnement! pas une de ces dames ne s'inquiète de l'oreille de Porthos! Alors voilà notre animal qui se lève, indigné, furieux et voyant ce plat d'argent qu'on agite, ce fragment de gâteau qu'on présente, à ce petit *Savoyard* (méprisant Porthos!) qui hésite, le chien s'avance, en jappant, et dans sa gueule noire, il emporte l'espérance de notre enfant; pauvre fragment du gâteau des Rois, ce chien le remplit de sa bave et le va vomir dans un coin!

Aussitôt vous eussiez entendu toutes ces dames pousser des cris de joie, et ces petites mains qui frappent l'une sur l'autre ce petit son clair et onctueux de la peau que la pâte d'amandes a touchée le matin, où le cold-cream s'étendra ce soir — (baise la main de ta maîtresse pour jusqu'à demain, si tu m'en crois, vieillard édenté!) — « Vrai Dieu! Porthos a mangé! il a mangé lui-même. Porthos est content! Porthos est le roi de la fête. Pauvre Porthos! est-il gentil! » En un clin d'œil, notre ami André fut complétement éclipsé par Porthos.

André pâlit, sa main chancelante se porta sur son regard troublé, et voici que sa lampe merveilleuse remplit cet appartement épouvanté, d'étranges merveilles! Soudain ce luxe disparaît, emporté brutalement par cette extraordinaire lueur; les glaces se brisent, les meubles s'enfuient du côté de l'hôtel Bullion, le tapis, enlevé par le commissaire-priseur, fait place au trottoir gelé et troué de la place de la Concorde; le vent de décembre et son cortége de frimas, pénètre à travers la fenêtre ouatée et tous les vents du nord, pêle-mêle,

8

se jettent à la tête, le foyer, la cendre, le feu, les pelles, les pincettes, la chaleur, la chaise longue, les chenets, le paravent d'Aubusson , chef - d'œuvre de Sallandrouze !

Quel plus épouvantable tohu-bohu de toutes choses dans ce palais des festins, des plaisirs, du crédit! Le mont-de-piété, cet usurier à la face triviale, vient étendre son vieux cadavre sur ces beaux sofas jaseurs ; le bureau de charité marque, à la craie, cette porte complaisante ; le gaspillage s'empare de cette maison, de la cave au grenier ; ces frais haillons , ces lambeaux de soie mêlée d'or, ces broderies du haut en bas de l'habit amoureux, ces brodequins, pelure d'oignon, qui dessinent le pied, comme le bas à jour dessine la jambe faite au tour ; ces frêles dentelles qui laissent tout voir, en cachant tout ; ces rubans , frêles chefs-d'œuvre de la soie animée des plus vives couleurs ; ces cheveux bouclés qui respirent les plus doux parfums , les parfums, ces mains des dieux et des femmes galantes ; tout ce luxe de la femme, qui se révèle, dans l'attache de son corset, dans l'émeraude de sa jarretière, dans la fraise de son jupon, dans la blancheur mate de son linge ; dans l'épingle qui retient la ceinture, dans l'éventail que porte la main bien gantée, tout s'en va , tout s'efface , tout s'enfuit.

Tout de suite... les vrais haillons de la misère, les lambeaux, les mille choses affligeantes : les trous, la laine, ce luxe du pauvre, mais la laine salie et trouée ; le soulier épais et cloué comme le fer d'un cheval de fiacre, l'hiatus universel de ces étoffes fripées à l'intempérie des saisons... voilà l'œuvre de la flamme féerique !

En même temps ces mains délicates se gercent, et saignent, frappées par la saison glaciale ; ces genoux se courbent, écrasés sous le faix de ces épaules voûtées par le fardeau ; ce pied , soigné par un pédicure, chevalier de la Légion d'honneur, ce pied, qui coûte six francs par semaine, rien que pour faire la guerre à l'œil de perdrix caché sous l'orteil, s'agrandit, s'aplatit, se couvre de durillons et de plaies, l'ongle rentrant dans ces chairs mortes et se courbant, tout noir, sous ces tendons déchirés. *Le Seigneur a abattu la muraille de la fille de Sion, il a tendu son piége et il n'a pas retiré sa main que tout ne fût renversé !*

Rien, rien ne reste de ces grâces légères, faciles, étudiées, brillantes, parées de peu ou chargées des pierres les plus rares du Brésil. — Rien ne reste de cette vie du luxe extérieur, du luxe intérieur ; le cheval de course s'est enfui loin de son ratelier vide ; la *mouche* mystérieuse, chargée d'armoiries menteuses, boudoir ambulant, aux glaces tour à tour indiscrètes ou complaisantes, est devenue un tombereau acheté par M. Domange, et qui ne va plus que traîné par les chevaux de la poste de minuit ; le piano, criant son dernier accord, a vu s'envoler les romances dont il était farci : l'élégie de Loïsa Puget, la gaieté de Bérat, les gracieuses mélodies de Clapisson, la valse échevelée de Strauss, les petites contredanses, les airs efféminés, faciles à la voix, à la main, au regard, et qui laissent à l'âme de celle qui chante, Muse des ruelles et des alcôves, toute sa liberté. — Le piano a fait place à quelque borne froide et brutale, à demi brisée par la roue, brûlante naguère, de la calèche qui portait ces dames aux fêtes de l'été! En même temps s'échappent de leurs cadres de laque, les dessins originaux de Gavarni, ces fêtes de la jeunesse, ces fantaisies qui dansent toutes seules, ces poëmes du pays des fées parisiennes, ces petits drames indiqués d'un trait, d'un mot, d'un rien.... chapitres bientôt effacés, bientôt refaits de nos usages, de nos ridicules, de nos mœurs.

Même le portrait de l'idole logée dans cette pagode, — cette image infidèle, mais complaisante de ce vice adoré à genoux, ce pastel destiné au premier déjeuner de soleil, la première fois que le soleil saura pénétrer dans ce lieu des ténèbres transparentes, le chef-d'œuvre de Champmartin ou du jeune Dubufe, l'aimable artiste, qui commande à la couleur, comme sa jeune femme commande au marbre, ce portrait chassé de céans, s'en va, libre d'entraves et content de rentrer dans la classe des êtres imaginaires; on ne se demandera pas maintenant, comme en plein Louvre, où est le modèle? Au contraire, on effacera le nom du modèle, et quelque marquis d'hier, achetant à l'encan cette image de fantaisie, en fera son aïeule du lendemain.

Tel est dans cette maison maudite, ce changement à vue, changement terrible, opéré par un seul coup de cette baguette funeste qui remet chaque chose à sa place, à sa place la vertu, là-haut, près de l'étoile! le vice et les pleurs là-bas, dans l'abîme! — André, vainqueur de ces créatures qui avaient permis à un affreux chien de jeter sa bave impure sur *la part du pauvre*, laissait tomber sur ces vices aux abois, sur ces âmes timides, sur ces cœurs pelés, la tristesse de son flambeau et de sa colère; il s'amusait à les voir en proie à ces vapeurs vengeresses; il les entendait qui appelaient à leur aide, mesdemoiselles leurs mères : mesdemoiselles leurs mères, horrible rebut des conditions subalternes, s'en allaient, en toute hâte, chargées du butin volé à mesdemoiselles leurs filles!

Et ce pandémonium funèbre, André le prolongea jusqu'à ce qu'enfin on vît entrer, dans cet emplacement où *fut Troie,* non pas le corbillard des pauvres, trop beau pour ces créatures de la corruption, mais la civière des malades, la civière portée par charité, lente et recouverte de ce coutil fiévreux qui a entendu, insensible, tant de délires! Heureuses, parmi ces femmes aux abois de leur beauté menteuse et de leur richesse volée, les plus courageuses qui, du centre de ces voix qui les maudissent, s'enfuient loin de l'hôpital, et s'en vont, le balai sur l'épaule, la tête emmarmottée dans un haillon, s'enrégimenter parmi messieurs les balayeurs; les balayeurs dédaignent cette belle compagnie, et se réservent la plus belle place au ruisseau.

De temps à autre ces malheureuses interrompant ce balayage silencieux, lèvent leur tête endolorie par le froid aigu, comme pour mesurer à quelle prodigieuse distance est renvoyée leur portion du ciel!

Même le chien, ce vil animal qui dédaignait l'aile du poulet rôti, à ce point que c'était à peine s'il en mangeait, un vendredi saint! maintenant assis sur ses pattes de derrière, la faim au ventre, et l'écuelle à la gueule, monsieur Porthos appelait l'aumône.... on dédaignait la maîtresse, et l'on faisait l'aumône à son chien.

Vous jugez de l'épouvante, quand toutes ces femmes se mirent à hurler dans cette bagarre; André lui-même resta épouvanté de ces clartés si cruellement manifestées et il s'enfuit, se promettant bien de ne pas recommencer pareille épreuve. Ah! se disait-il, j'ai eu tort de faire tant de mal, pour un peu de pitié qu'on me refuse; je suis méchant, je suis cruel, quand je viens troubler ainsi ces minutes heureuses, et à quoi bon ces avertissements de l'avenir? En seront-elles plus prudentes ces infortunées, et moi en suis-je moins à plaindre, et les vieux qui m'attendent là-haut, et le père et la mère, et Louison et Jeanneton, et madame Victoire, en auront-elles, un peu plus tôt, leur gâteau des Rois?

Pensif, il revenait dans le grenier qui l'avait adopté,

cachant cette flamme qui évoquait de l'abîme de si tristes images, et comme il passait sur la place de la Bourse, non pas sans avoir jeté un coup d'œil sur le nouveau passage, il aperçut dans cette place fabuleuse de la Bourse, des fantômes étranges.

Là se tenait le rendez-vous des hommes d'argent, à genoux devant la statue de Law. Ouvrard était là aussi, et tout mort qu'il était, l'ancien propriétaire du Raincy et de l'Élysée-Bourbon, l'Élysée-Bourbon qu'il avait accepté comme appoint, dans un reliquat de vieux compte, se plaisait encore à ce bruit métallique que l'air conserve à cette place, même quand la Bourse est fermée. Ouvrard, ce dieu manqué, — un fortuné dieu qui commandait à la fortune, la jetant aux pieds de cet homme, la victuaille des armées, comme elle jetait à son camarade Séguin, le corroyeur, leurs souliers et leurs habits de victoire. Tous ces hommes, fameux dans ce grand art d'appeler la malédiction de l'or sur leur tête, comme le soldat appelle sur sa poitrine ensanglantée, cette croix qui ressuscitait les morts de la grande armée, regardaient en silence, passer et repasser, rasant la terre et à la portée de tous les mortels, de petits nuages de papier, lequel papier était chargé de cent mille millions imaginaires, à payer comptant et sans escompte, dans le pays des chimères; ce papier qui venait d'Espagne, qui venait de France, qui venait d'Angleterre, qui venait de partout, portait en grosses lettres : CHEMIN DE FER, et s'agitait, parmi ces souffles ambitieux, dans toutes les directions, où il pouvait rencontrer un écu gagné à la sueur du légitime travail, un écu honnête et chargé de nourrir une famille innocente.

« Ah! disait Law, triomphant dans ces ruines, voici ma rue Quincampoix, malgré cette riche colonnade dont elle est embellie ; à la lueur de cette horloge flamboyante qui a sonné tant de banqueroutes et tant de désespoirs, je reconnais mes *bons au porteur*—ils ont jeté la Régence dans cette ivresse immense qui faisait, en une seule heure, et qui défaisait tant de grandeurs !

« Français ! Français, vos neveux n'ont rien inventé, mais ils ont tout agrandi, ils ont agrandi même les gouffres ! » En effet le gouffre de la Bourse s'ouvrait béant, insatiable, rempli d'actions, rempli de promesses, et de promesses de promesses, gouffre plein de fumées, plein de nuages—au-dessus de ces nuages brillait de temps à autre une étincelle qui bientôt s'éteignait — trouble et confusion ! et quand l'étincelle était éteinte, des voix disaient sans trembler : voilà un homme à exécuter ! *exécutons-le !*

A ce cri de mort, André prit la fuite ; mais si immense, et si incroyable était l'amas de ces actions qui voltigeaient autour de sa tête bourrelée, qu'il eut grand'peine à sortir de cette émeute de papier-monnaie que ces hommes se jetaient à la tête après l'avoir imploré à genoux. — *Exécuter*, fi ! l'horreur !

L'enfant ! il pensait qu'il ne s'agissait que de lier les mains à un homme et de le livrer au bourreau.... L'épreuve est plus dure. — *Exécuter*, cela veut dire que demain on fermera la Bourse à qui s'est fait battre. Oui, demain le temple sera fermé à ce profane, la coulisse sera défendue à ce financier sifflé ; il n'entendra plus retentir à son oreille désolée, le grand cri qui achète, et le grand cri qui revend, pour acheter encore ; il n'assistera plus à ces péripéties de chaque minute, à ces drames de chaque instant, dans lesquels il était à la fois l'auteur qui joue son rôle, le spectateur qui siffle, et l'artiste qui fait le drame. *Exécuté*, tu n'iras plus, à l'heure de midi, au sortir du buffet de Tortoni, remplir ton portefeuille vide, et hasarder la fortune de tes voisins sur ce grand tapis vert, où le moindre enjeu est une larme, où le moindre gain est un remords. *Exécuté !* c'est-à-dire que tu vivras chez toi, dans ta maison volée, dans ton jardin volé, d'un pain volé ; mais tu vivras en paix, estimé de tes pareils.

Exécuté ! l'exécuté doit ressembler fort aux ombres qui attendent le passage du Styx, faute d'une obole, et qui se plaignent à Caron, sans songer que Minos, Éaque et Rhadamanthe, ces grands juges du commerce, les prud'hommes des lieux sombres, les attendent pour les envoyer sous la griffe éternelle de l'insatiable vautour.

« Exécuté ! se disait l'enfant, en revenant par les sentiers connus, comme je te bénis, mon Dieu, qui m'as fait pauvre ; je te bénis, mon Dieu, qui me fais vivre faible et mendiant ! Sois louée, divine bonté, qui m'as épargné ces tortures ! Les millions que j'ai rencontrés en mon chemin, ces fortunes accouplées à ces insomnies, hélas ! qu'en pourrais-je faire ? et tu les mettrais sous ma main glacée, que je dirais : je n'en veux pas.

« C'est toi que j'aime et que j'implore, pauvreté sainte des vrais pauvres du bon Dieu, qui n'as même pas à tes ordres, une seule miette du grand gâteau des rois de l'Épiphanie ! C'est à toi que je me confie, misère de mon grand-père, misère de mon père, misère de ma mère, mon héritage sans remords et sans peur. Et toi, bonne fée, qui m'as éclairé dans ma voie, toi, qui m'as donné ma part dans cette leçon involontaire que j'ai donnée sans le savoir, à ces femmes, à ces hommes, à ces faibles esprits si facilement éblouis du plus petit rayon de la clarté qui vient de là-haut, bonne fée, je te rapporte ce flambeau qui donne le vertige ! »

Il parle ainsi, et son pas devient plus rapide ; il a hâte d'arriver, comme s'il apportait une bonne nouvelle ; il verse de douces larmes, et son regard brille d'espérance ; il revient à son nid, sous les toits, et déjà ce toit si pauvre s'embellit, aux yeux de l'enfant, des ombres et du froid, autant que des bruits et des clartés qu'il a rencontrés sur sa route, — « Au moins là-haut, chez nous, chez moi, se dit-il, à côté des hirondelles qui ont passé, et qui reviendront en avril, l'envie de ces hommes, la jalousie de ces femmes ne sauraient m'atteindre ; il faut un cœur honnête pour savoir monter si haut, à côté de mes sœurs. »

Il ne voulut plus rien voir dans toute sa route, il traversa le pont des Arts, invisible même à ce malheureux fonctionnaire qui veille pour quelques sous que l'on jette à son rêve troublé, et bientôt, car il allait vite, il se retrouva dans la rue que son père avait traversée pour la dernière fois. En ce moment le froid matin entr'ouvrait la nue éclaircie, l'étoile rentrait dans son voile de nuage, la lune, chargée de neige, s'effaçait dans le ciel pluvieux, les morts échappés de leur demeure rentraient, un à un, dans l'enfoncement des temps, et se recoquillaient dans leur cercueil, non pas sans regret de quitter ce monde qu'ils aiment toujours. A chaque minute disparaissait un fantôme ; à mesure que descendait la clarté, s'effaçait une image. La ville endormie ne se doutait guère des drames qui l'avaient enveloppée. Dans la ville, tout dormait ; seul M. Delessert va se réveiller, au point du jour.

Sur le seuil de l'allée entr'ouverte l'enfant retrouva la fée ; elle l'attendait impatiente, car peu à peu, elle aussi, elle rentrait dans cet autre monde qui n'est plus la terre, qui n'est pas le ciel. « Enfant, dit-elle en reprenant son talisman, pauvre petit enfant que j'ai si mal doué ! tu as montré la vérité aux hommes et tu t'en reviens les mains vides, c'est trop juste ; prends ma couronne ! prends-la , ce sera ton aumône à ta famille adoptive , car l'aumône t'a suivi, dans tes difficiles sentiers et elle t'a suivi en te bénissant ; elle n'était rien , tu en as fait quelque chose ; elle était passagère, tu l'as faite éternelle ; tu as été son gardien sur la terre , elle sera ta gardienne dans le ciel ! Allons ! cher petit, prends ma couronne et ne crains rien , cette couronne que porte la fée, ce n'est pas un diadème, c'est tout bonnement la couronne, le gâteau des Rois. »

Or, voici ce qui s'était passé, dans cette mansarde, pendant que le petit André cherchait sa royauté, dans la ville silencieuse. — Il était arrivé que Mme Victoire rajeunie , et déjà plus heureuse, avait touché par hasard , par bonheur, à ce flacon bleu que la fée avait oublié, et à peine *Mme Victoire* eut-elle respiré cette espérance, qu'un grand bruit s'était fait entendre dans l'escalier désolé, un bruit de pas heureux , un cri d'homme heureux, un cri d'amoureux.... c'était l'amant de Mme Victoire , le propre fils de l'avare qui venait retrouver sa cousine. — Cloué sur son banc de douleur, Pierre, le porteur d'eau, rien que pour avoir versé, sur son mal, une goutte de ce baume divin , avait retrouvé sa voix et ses forces , et il sautait de joie, et il accompagnait de ses chansons, retrouvées avec la santé, le saint gagne-pain , le travail qui rentrait , à toutes jambes, frais et joufflu comme l'enfant qui vient de teter sa mère ! Pierre criait : *Victoire ! Victoire !* et il disait bonjour à ses seaux !

Elle-même, Mme Pierre, pour avoir touché au bouchon de cette fiole (disons tout, — la fiole de la sainte ampoule), elle retrouvait, l'une après l'autre, ses jeunes années. La pauvre femme ! elle apprenait à vivre, elle apprenait à espérer, elle apprenait à être heureuse et, reposée dans ce troisième ciel, elle savourait longuement cette première leçon de bonheur! Sois bénie sainte ampoule des pauvres gens et des bons cœurs! Rien que dans une gouttelette de cette divine essence, le vieux soldat, de son côté, avait retrouvé ses vieilles histoires. — On respecta pieusement l'illusion de la bonne grand'mère qui s'était endormie en filant, filant, filant toujours.

Le repas était prêt, apporté par l'amant de Victoire Comme il faut peu de chose, bon Dieu, pour changer en paradis l'enfer, en fortune la misère, en espoir l'abandon! — Cette noire maison, détrônée de la fièvre et du froid, était splendide, et cette fête du galetas se pouvait comparer à notre fête des Tuileries. — Cette table, froide comme la pierre du tombeau, était vaste maintenant comme un poëme dont le premier chant serait intitulé *Ruffec*, le second chant *Amiens*, le troisième chant *Bordeaux*! La table était éclairée de deux chandelles des six, la nappe était mise, l'oie aux flancs rebondis tournait encore à la broche et n'attendait plus pour être dorée à point, qu'un tour ou deux à cette chaude flambée; le vin riait dans la bouteille au large goulot, la fée.... et l'amour avaient accompli ces miracles, on n'attendait plus qu'André et son gâteau des Rois. Quand il entra ce fut un cri de joie! Pierre le prit dans ses bras pour le baiser, Mme Pierre le toucha de sa main pour le bénir, le vieux soldat porta sa main à son front, le salut militaire. Louison et Jeanneton lui dirent : *frère!* Victoire, et un peu son amant, se dirent : *déjà!*

On se mit à table; jamais la bombance des Sardanapales, des Lucullus et des Louis XV, dans leur petite maison de Choisy, n'avait présidé à une fête pareille; à chaque instant, c'étaient des cris de : *vive le roi!*

Quand tout fut mangé, quand il ne resta plus qu'un peu de bon vin pétillant dans la dernière bouteille ficelée par les sylphes d'Aï, le gâteau *de la fée* fut attaqué avec un couteau neuf, déjà le vieillard avait tracé une croix sur cette couronne ! — « Ah ! dit André, si nous avions pour compléter la fête... une chanson, une douce chanson !... quelques mots du poëte des bonnes gens !... » et chacun de sourire au souhait du petit André.

La fée était là qui contemplait son bonheur. — André, son favori, voulait une chanson. Il aura sa chanson, il l'aura si touchante, si belle, si vraie, d'une gaieté si douce, d'une philosophie si calme, que tous les rois de la terre, à leur fête royale, envieront la chanson que chante, au petit André et à ses amis, cette dame, à la belle voix touchante, qui chante comme madame Treilhet, pendant que le vieux soldat reprend en chœur avec la belle voix de Massol.

J'ai retenu plusieurs couplets de cette élégie chantée : à ces accents consolateurs, il faut que tous les pauvres gens prennent confiance, car, soyez-en sûrs, enfants, le bon Dieu, qui a bien fait tout ce qu'il a fait, saura en donner à chacun sa part de bonheur et d'espérance. — Hélas ! même au cimetière, même sur ces funèbres hauteurs où nous t'avons porté, l'autre dimanche, ô notre ami Théodose ! mort si jeune, avec ce calme sourire sur les lèvres !.... Oui, le poëte l'a dit, même dans les jardins du Père La Chaise..., cherchez le bonheur avec un cœur honnête, un esprit résigné, un esprit sage..., et vous trouverez que quelque peu de la joie des anges brille parmi les branches mortes de ces cyprès, sur les marbres noirs de ces tombeaux.

Voici ce que chantait la dame, doucement, doucement, sur un air nouveau qui sera bientôt à la mode :

Notre fille est princesse, et elle chantait (*non prius au-dita*), avec ce petit accent mélancolique qui ajoute à la joie humaine, un charme et une grâce de plus.

LA FILLE DU CIMETIÈRE.

Quelle est cette fille qui passe
D'un pied léger, d'un air riant?
Dans son sourire que de grâce,
De bonté dans son œil brillant!
— Elle est modeste et désespère
Ses compagnes, par sa fraîcheur;
Sa beauté fait l'orgueil d'un père...
    C'est la fille du fossoyeur!

Claire habite le cimetière.
Ce qu'au soleil on voit briller,
C'est sa fenêtre et sa volière
Qu'on entend, d'ici, gazouiller.
Là-bas, voltigent, sur les tombes
Un couple éclatant de blancheur;
A qui ces deux blanches colombes?
    — A la fille du fossoyeur!

. . . .
. . . .
. . . .

On l'entend rire, dès l'aurore,
Sous les lilas de ce bosquet,
Où les fleurs, humides encore,
A sa main s'offrent en bouquet
Là, que les plantes croissent belles!
Que les myrthes ont de vigueur!
Là, toujours des roses nouvelles
    Pour la fille du fossoyeur!

Sous son toit, demain, grande fête,
Son père va la marier,
Elle épouse, et la noce est prête,
Un jeune et beau ménétrier.
Demain, sous la gaze et la soie,
Comme, en dansant, battra son cœur.

9

Dieu, donne enfant, travail et joie
A la fille du fossoyeur !

. . . .

Rien qu'à ces vers, à cette sagesse bienveillante, à cette leçon qui vous prouve que l'homme s'élève par la résignation, comme l'étincelle s'élève en pétillant, vous voyez bien que la dame était une fée et qu'elle chantait une chanson inédite du poëte qui écrivit *la Fée et le Tailleur*.

Quand elle a chanté, notre fée disparaît et s'efface, blanche vapeur qui va rejoindre Vénus, l'étoile du matin. — On dit — qu'une voix se fit entendre dans le lointain : *Gloire à Dieu ! repos aux morts, paix aux vivants !* et la voix se mêlait, à l'unisson, avec les derniers couplets du poëte Béranger.

Pierre, le couteau levé, écoutait encore (le temps s'arrête pour celui qui admire), que déjà le chant avait cessé ; mais enfin les parts sont faites, Louison, les yeux bandés, distribue à chacun sa part, aux vieillards, aux enfants, aux deux amoureux, au petit André..., à M. Pierre, à madame Pierre... — Je vous laisse à penser si la fève qui couronne un des convives fut cherchée avec ardeur ! « C'est moi ! — C'est toi ! — C'est lui ! — C'est Victoire, disait Pierre. — C'est André, » disait Jeanneton ! Ce n'était personne, c'était mieux que cela, c'était tout le monde, car la bonne fée avait oublié de cacher une royauté dans sa couronne.... et voilà comment, à cette heureuse fête des Rois des pauvres gens, il n'y eut que des gens heureux, et que personne ne fut Roi !

FIN.

CLARISSE

HARLOWE

PAR

M. JULES JANIN

Deux gros volumes in-18, format anglais

PRIX : 7 FRANCS

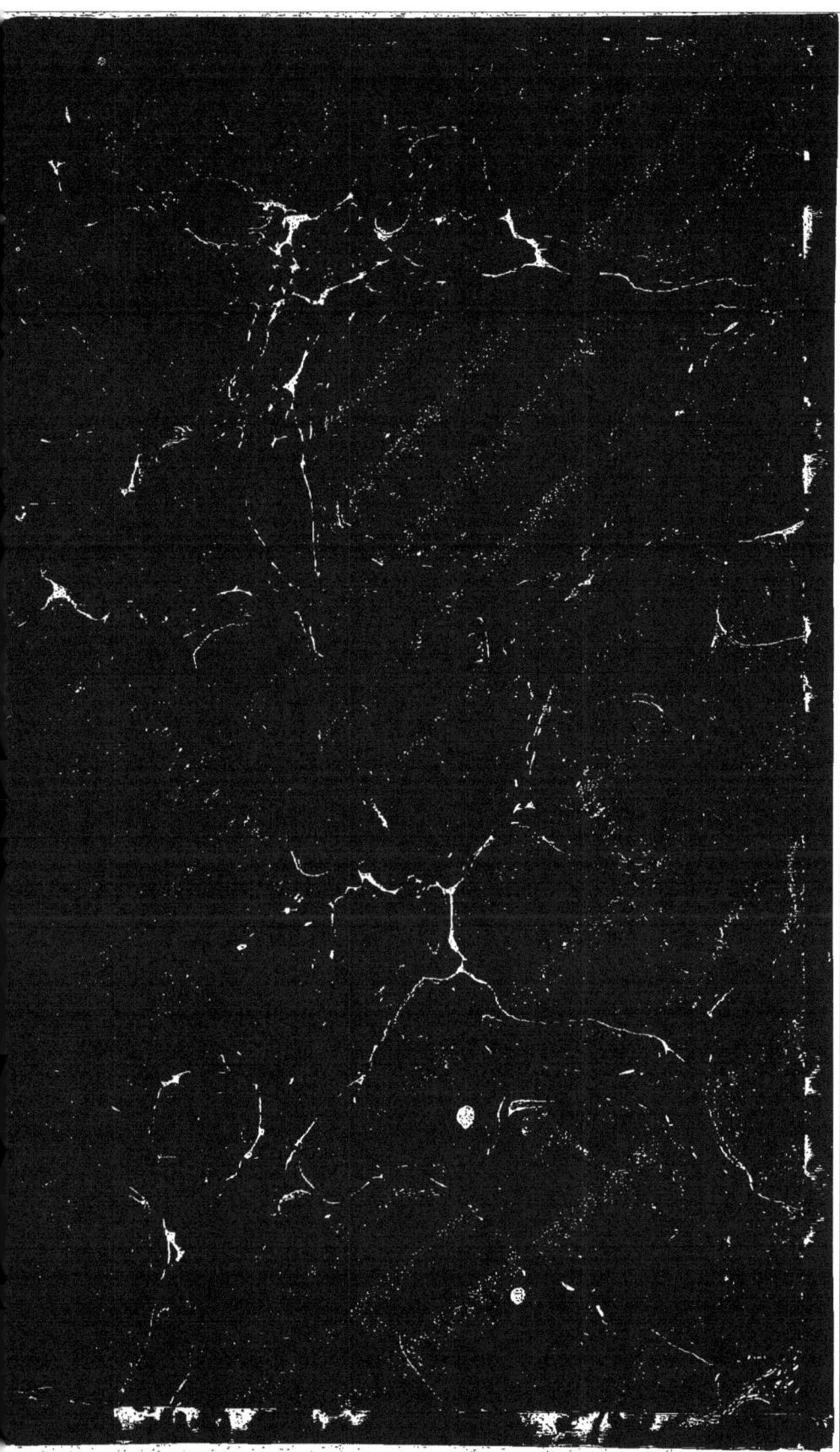

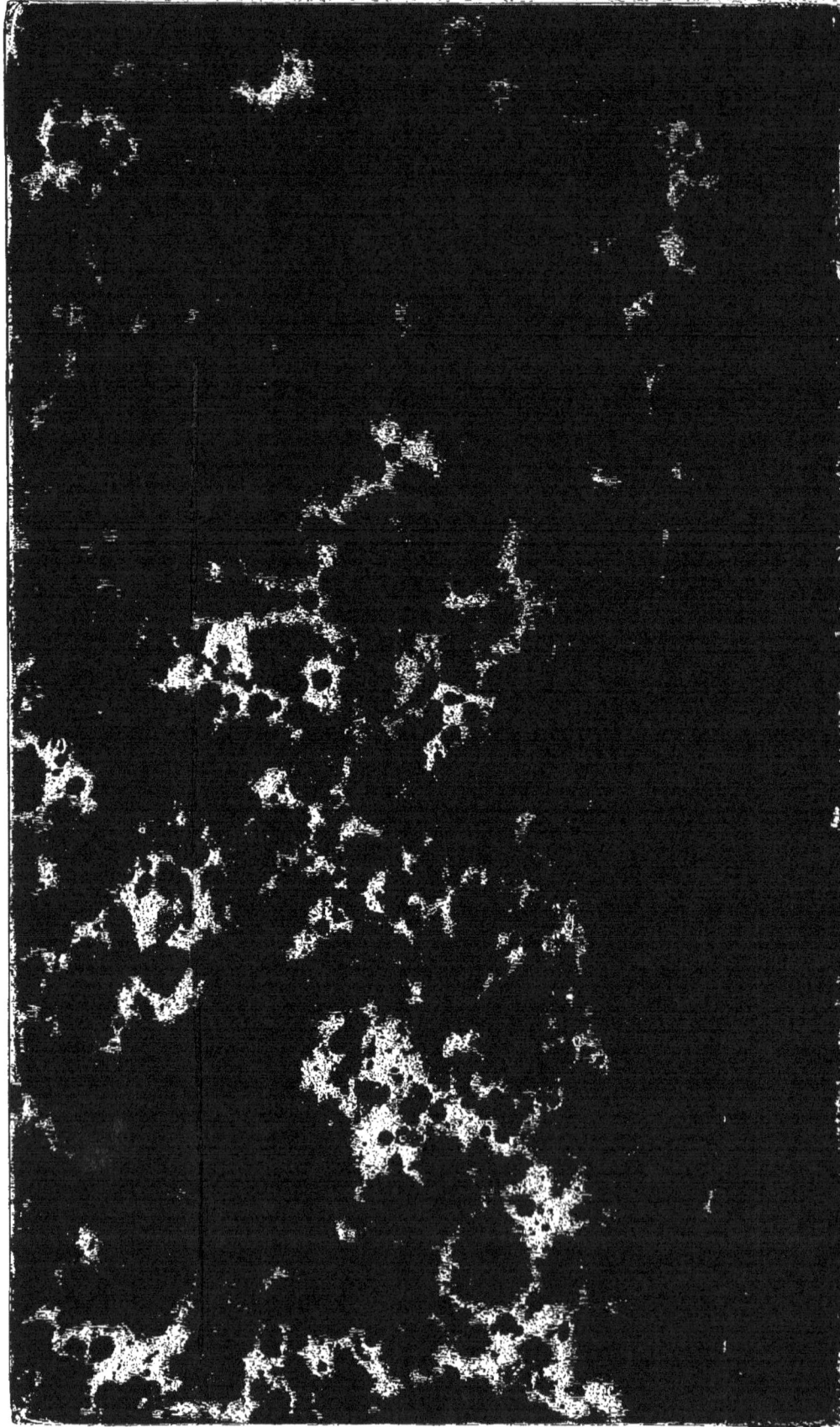

www.ingramcontent.com/pod-product-compliance
Lightning Source LLC
Chambersburg PA
CBHW060800110426
42739CB00032BA/2342